京都幕末維新をゆく

文：木村幸比古／写真：三村博史

淡交社

プロローグ

明治維新の桧舞台は京都だった。天皇ぬきに維新は語れない。

――花の都は二百年前にて、今ハ花の田舎たり。田舎にしてハ花残れり――

と、江戸の文人から京都は酷評された。徳川幕府によって政治は江戸が中心になり、かつての花の都は田舎になってしまったが、伝統文化だけは昇華していると。

京都の経済的な地盤沈下はいなめないにしても、気位だけは高かった。

天皇は極貧生活をしいられ、鯛はにらみ鯛といってひからびたようなものを食し、酒は御所言葉で「くこん」といい、いつも水で薄めて飲んでいる有様、それに比べ将軍は飽食暖衣、口先だけ尊王を唱《とな》える。幕政批判が飛び出さないのが不思議などぐらいだった。

尊王には幕府の者にも異論はなく、たとえば新選組は尊王佐幕派(天皇を尊び幕府を支持する立場)だった。尊王攘夷は尊攘派といい、夷人は悪賢い外国人のことで、夷狄《いてき》を攘《はら》うことによって日本を穢《けが》させまいという神州観念が天皇の廷臣たちには根強く、天皇も夷人嫌いだった。

尊攘の言葉はここから生まれた。尊王を一歩進めれば勤王主義となる。天皇親政を実現するには、おのずと幕政批判が出発点となり討幕に発展する構図となる。

長州藩は二百五十年余り、討幕論を唯一の藩論としていた。

文人ではじめて討幕論を唱え、行動にうつした人物がいた。越後出身の医者の子である竹内式部《たけうちしきぶ》だった。京では昔から「田舎の学問より京の昼寝」の諺《ことわざ》がある。京都には名だたる文化人がいて、田舎でいくら学んでもたかが知れているという。京都独特の誇りがそこにあった。

式部が入洛していた宝暦年間(一七五一〜一七六四)頃の京都は人口が三十万人ほど、現在の百五十万人に比べ五分の一だった。彼は神道神学の山崎闇斎《やまざきあんさい》の垂加《すいか》神道を学び、天皇親政を唱え、公卿たちに強い影響力をもったため、幕府の弾圧を受け京都における維新犠牲の第一号となった。

式部の死は決して無駄ではなかった。文人頼山陽《らいさんよう》は『日本外史』を著わし、悲《ひ》憤慷慨《ふんこうがい》の志士の警世《けいせい》の書としてベストセラーとなった。


嘉永六年(一八五三)六月三日夕方、ペリーが黒船四隻《せき》を率いて浦賀に来航し砲身外交を展開した。当初四隻ではなく十二隻で威嚇《いかく》しようと考えていたからおどろきである。たった十日間の滞在だったが、二百六十年の泰平の眠りを醒ますのに十分であった。

狂歌に「水無月《みなづき》や四艘《しそう》の船のみなと入《いり》上を下へとさわぐ浦かな／暑中にてひや汗流す奉行衆辰の口へといそぐ早舟／日本を茶にしに来たか上喜撰《じようきせん》たった四杯で

夜もねられず／あめりかがはやく帰ってよかったねへ　また来るまではすこしおあいだ」と痛烈だ。

幕府は鎖国から開国への道を選ぶ、苦渋の選択をよぎなくされた。それほど弱体化していたのだ。

翌年ペリーは再来日し日米和親条約が締結され、オランダ、フランス、ロシア、イギリスなど各国と次々と雪崩式《なだれしき》に条約を締結していった。本来、国の大事をきめるには天皇の勅許が必要であった。

井伊大老はこれを無視した。締結には本人も良しと思わなかった文献もあるが、この時点ではいたしかたなかったという。

将軍家定《いえさだ》は生まれつきの虚弱体質で子もなく、年齢も三十をすぎていた。将軍継嗣問題がおこり、本来、御三卿、御三家から選ぶことになっていたが、結局、紀州の徳川慶福《よしとみ》（のち家茂《いえもち》）と水戸藩主徳川斉昭《なりあき》の七男の一橋慶喜《よしのぶ》の二人にしぼられることになった。

慶福は家定の従兄弟で御三家。誉れ高い御三卿の一橋慶喜。

大名、幕臣は双方の擁立をめぐり対立、現体制を支持する井伊大老は慶福を、改革を求める阿部正弘らは慶喜を押すことになった。しかし、井伊大老は才覚ある慶喜をしりぞけ血統の慶福を選んだ。

強権政治を断行する井伊大老は、開明的な大名、尊攘派の志士らの批判を、弾圧をもって押し込めた。この安政の大獄の反動は、井伊大老の暗殺という結末でとじた。

朝廷と幕府の溝が広がることを危惧した公卿の岩倉具視《いわくらともみ》は公武合体論を推進するため、皇妹和宮を将軍へ降嫁させた。

京都では天誅《てんちゅう》と称するテロ行為が横行、将軍が上洛する前にそれらを一掃しようと幕府は新選組、見廻組を使い、治安維持につとめた。

文久三年(一八六三)三月四日、将軍家茂は攘夷祈願の目的で上洛、孝明天皇に従って両加茂社に詣でたが、まのあたりにしたのは幕府の失墜した姿だった。

一方、尊攘派は天誅組を組織、大和に挙兵するが失敗、八・一八の政変で急進派公卿三条実美《さねとみ》ら七卿と長州勢が京都の町から一掃された。

尊攘派は密会をたびたび市中で開き、討幕を画策していたところ、元治元年(一八六四)六月五日、新選組は密会現場の三条小橋の池田屋を急襲、尊攘派と激闘をくり広げた。池田屋事件である。この事件は禁門の変の導火線となり、禁裏御衛総督だった一橋慶喜は、「長州と会津の私戦」と、当初は日和見《ひよりみ》主義であったが、川路利良率いる薩摩の抜刀隊の活躍によって幕府を圧勝に導いた。

その後も尊攘派と呼ばれる志士は、勤王運動に東奔西走する。その代表格が坂本龍馬だった。師である佐久間象山は「東洋の道徳、西洋の芸術(技術)」と唱え、新日本建設はここからはじまると考えていた。技術革新を行うことによって、脱亜入欧思想を目ばえさせようとした。

龍馬は同志の中岡慎太郎と薩長同盟に尽力、ついに慶応二年(一八六六)正月二十二日、同盟は成立した。この密約は討幕運動に拍車をかけ、西南の小藩はこぞって薩長に歩調をあわせた。

薩摩は正論をもって大義を唱えた。一橋慶喜は徳川宗家を継ぎ十五代将軍に就任、フランスのレオン・ロッシュの援助を受け、幕政改革、とくに兵制改革に着手したものの、すでに幕府に政権をになう力はなく、慶喜はいつ、どういう形で政権を返上すれば有利か思案する日々であった。

龍馬は「船中八策」なる政治構想を土佐の後藤象二郎に示す。これは妙案と藩主山内容堂に提案し、慶喜もこれ以上、幕府が政権を死守する必要もないと判断、大政奉還した。まもなく龍馬と慎太郎は見廻組の一団によって暗殺される。

岩倉具視は薩摩と画策し天皇親政を夢み、王政復古を実現させた。

その一方で討幕の序曲は流れはじめる。慶応四年(明治元年・一八六八)正月、鳥羽・伏見の戦いがはじまり、旧幕府軍は有利に戦いを進めていた。しかし薩、長、土の新政府軍は錦旗を押し立てて皇軍となった。失意した慶喜は松平容保《かたもり》、松平定敬を伴なって江戸へ逃げ去った。

新政府軍は勝利した。

明治元年五月十日、太政官はつぎのような布告を出した。

「大政御一新折柄、賞罰を正し節義を表し、人心を興起遊ばされたく、既に豊太閤楠中将の精忠を御追賞仰せ出されたが、癸丑（嘉永六年）以来唱義尽忠天下に魁して国事に斃れ候諸士及び草莽有志の輩は、親子の恩愛を捨て、世襲の禄に離れ櫛風沐雨四方に潜行して、而も究枉罹禍、且つ湮滅の非運に沈んでゐる者少からざる次第で、寔に嘆き思食される次第である。仍てその志操を天下に表し、忠魂を慰められたく、東山（霊山）の佳域に祠宇を設け、右等の霊魂を合祠あらせられるから、天下の衆庶も益々節義を尚び奮励致すやうにせよ」

この一文に維新の大業が込められていた。霊山聖域に林立する約四百名あまりの墓碑は、龍馬、木戸孝允《たかよし》らをはじめ有名、無名を問わず同じ形で祀《まつ》られ、今も王城の地をみつめ静かにねむっている。

目次

※資料写真（カバーを含む）は、霊山歴史館から提供いただきました。

幕末維新参考略図〈掲載主要史跡〉

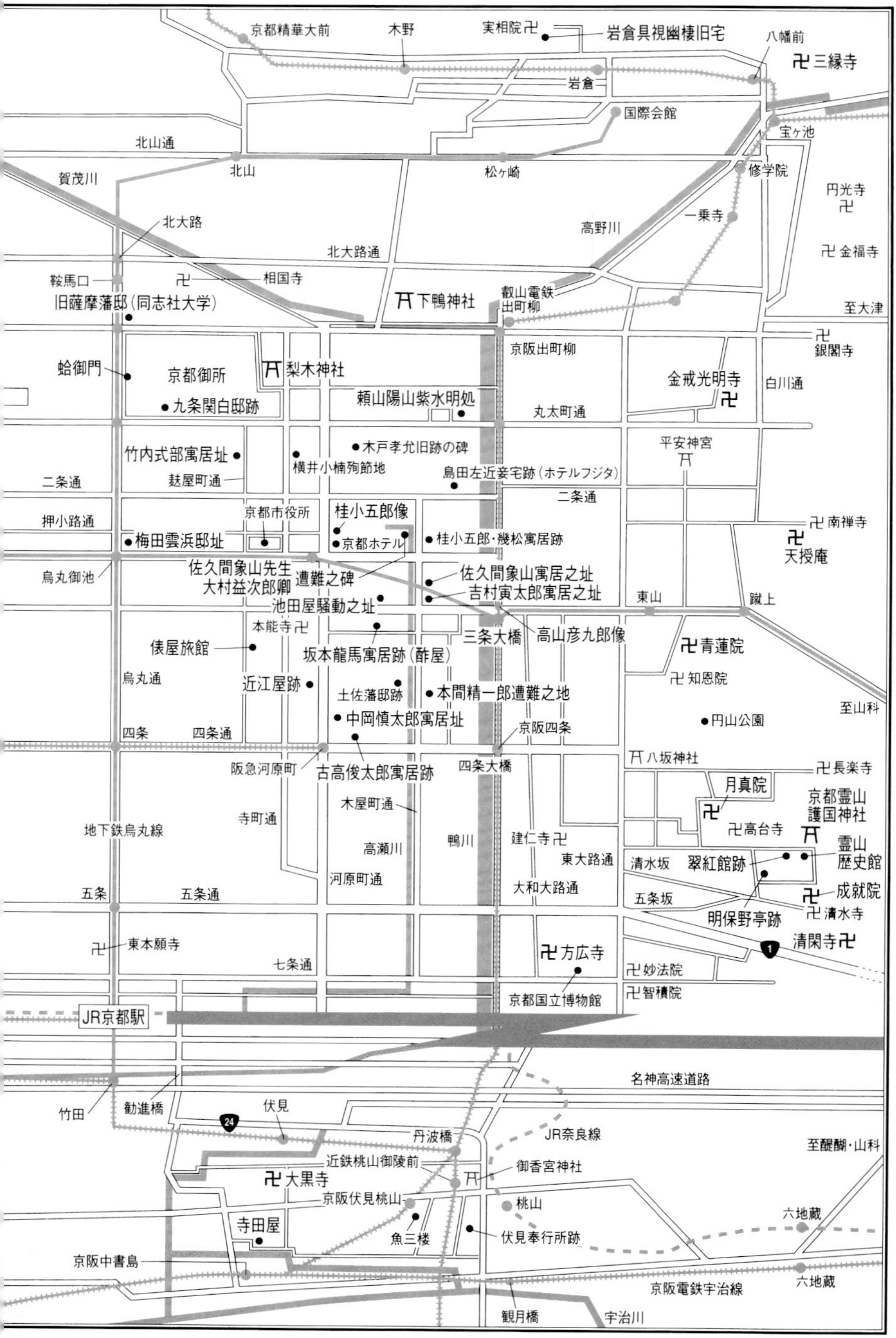

掲載史跡

北／地図上方から記載

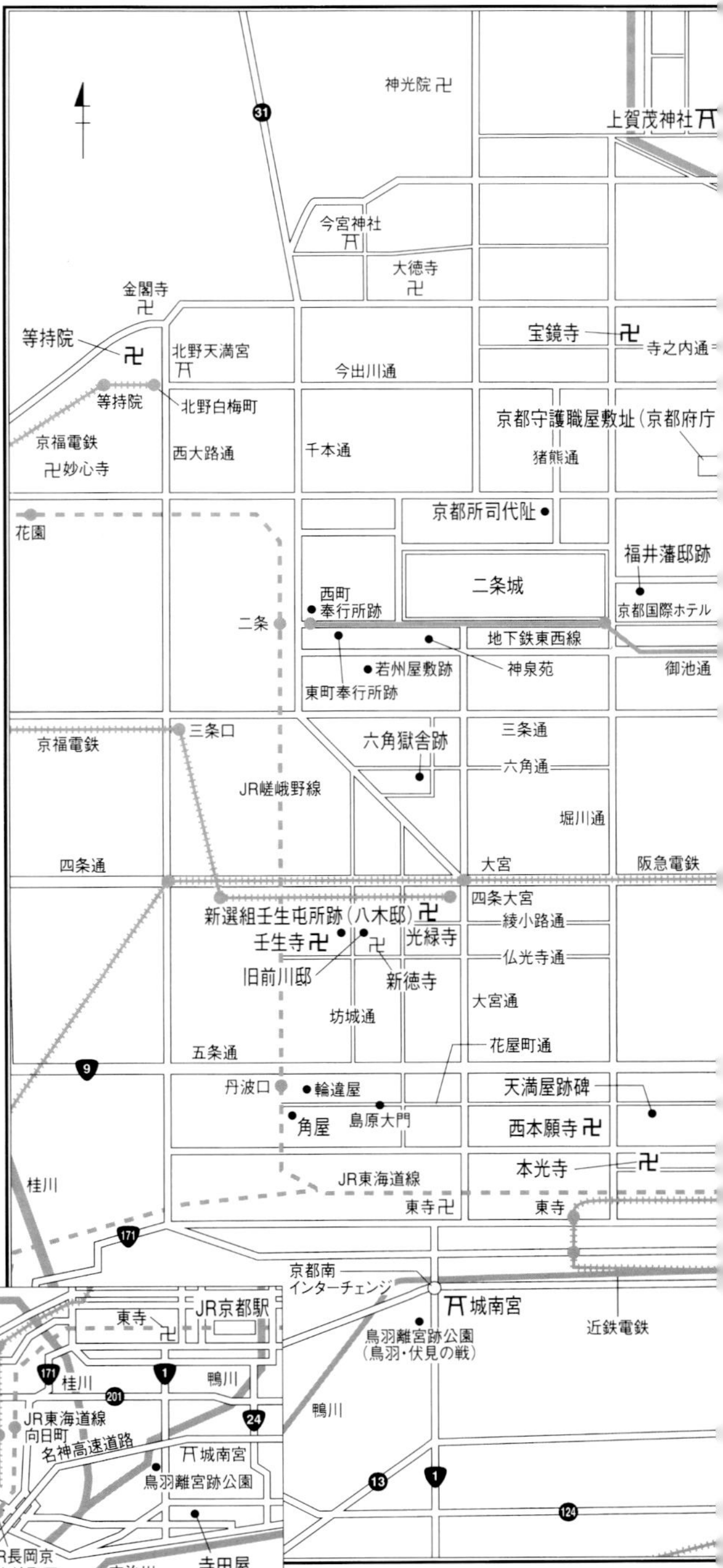

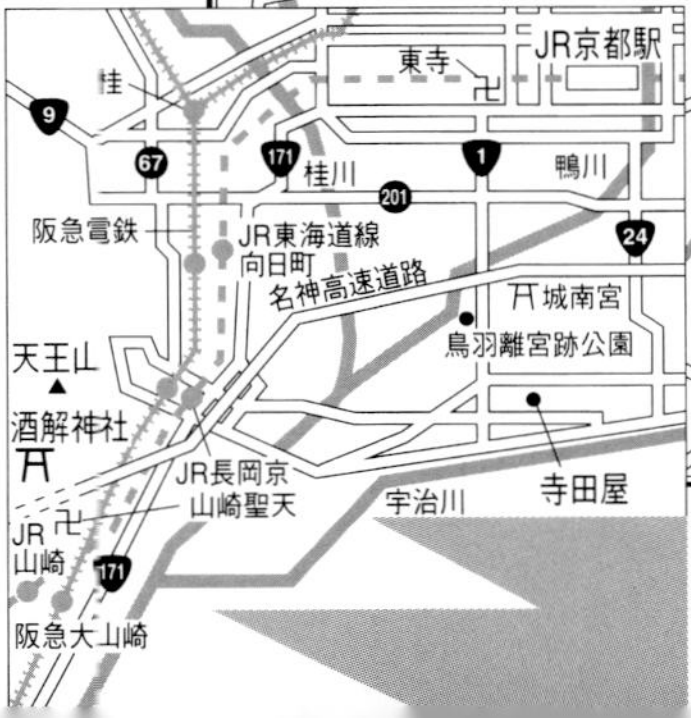

反幕思想の流れ

京都所司代の石碑。所司代とは、室町幕府の侍所所司の代官のことで
応仁の乱後、所司の補任が途絶えたのちも時の政権の
京都支配の要職であった。

江戸中期の尊王論弾圧、宝暦事件の中心人物、竹内式部寓居址の石碑。
式部は、越後国に生まれ、代々正庵と称した町医だった。

志士殉難第一号、竹内式部

宝暦事件——維新の始まり

維新の魁《さきがけ》というべき事件がおこった。世にいう宝暦事件である。江戸中期の尊王論弾圧だが、いささかこみいった宗教がらみの事件でもあった。

その頃の京の町は三十万人余の町衆が大平を貪《むさぼ》っていた。この事件の中心人物の竹内式部《たけうちしきぶ》は、正徳二年（一七一二）越後国に生まれ、代々正庵と称した町医であった。雅号を秋斎と称した。正庵の熱狂的な尊王主義の思想は神道によって裏打されていた。享保十二年（一七二七）入洛し徳大寺家に仕えながら山崎闇斎を学祖とする崎門学派に傾倒、松岡仲良に師事し、またその師である玉木正英につき儒学と神学を修めた。のち士分に推挙され式部と改名した。

宝暦事件は二つの事件からなる。はじめは宝暦六年（一七五六）、若い公卿衆に軍学武術を自ら指南しているとの流言蜚語《りゅうげんひご》の噂が広まり、式部はたちまち十二月に京都町奉行に呼び出され取調べを受けた。公卿とは天皇の側近として朝廷に仕え、内《だい》裏《り》の清涼殿殿上間に昇殿できる者で、殿上人《てんじょうびと》あるいは堂上《とうしょう》ともいった。公卿衆は中啓《ちゅうけい》ぐらいしかかざしたことがないのに、武術なぞは事実無根ということで無罪放免となった。

次はそれから一年半後の宝暦八年六月、朝廷が京都所司代に式部を告訴し、取調べるうちに、ついに重追放という厳しい結果をまねいた。所司代とは、室町幕府の侍所所司の代官のことで応仁の乱後、所司の補任が途絶えたのちも時の政権の京都支配の要職であった。

事件の背景には吉田神道があった。当時「神道長上」として全国の神社の神職の任免、補塡《ほてん》を一手に管理指導していたが、そこへ式部が垂加神道を広めようと公卿衆を洗脳し、浸透することを嫉視、天皇の取巻の廷臣の確執が表面化した。カリスマ性のある式部への入門者があとをたたず、それに加え、若い桃園天皇に垂加流の『日本書紀』神代巻の進講をしたために、凌《しの》ぎ合いは激化した。関白近衛内前は徳川幕府を憚《はばか》り弾圧にのりだし、宝暦八年七月、式部と親交ある公卿たちの大量処分を下し、式部を所司代に告訴したのである。

式部の思想は、大義名分を建前とする垂加神道を信奉し尊王主義を唱える一方で、「代々の天皇は不学不徳であり、廷臣たちも非器無才であるため、朝廷は衰退している。天皇と廷臣が真剣に学問に取組みさえすれば、万民も天子の徳を尊び、将軍も政権を返上するだろう」というもの。

京を追われた式部は、のち明和事件で連座した山県大弐《やまがただいに》と明和四年（一七六七）八丈島に流罪となる途次、船中で病にかかり三宅島で没した。行年五十六歳。志士殉難第一号だった。

もうひとり、式部の同志に藤井右門《ふじいうもん》がいた。享保五年（一七二〇）越中国（富山県氷見市）赤穂藩浅野家の家老・藤井又左衛門の子として生まれ、幼名を吉太郎といった。十六のとき、京に上京し伊藤紹述に入門、剣を染谷正勝に学んだ。式部の同志となって公卿衆と親交を結んだが、式部が捕縛《ほばく》されるや、右門と変名し諸国流浪の末、江戸へ赴き山県大弐宅に寄宿、町医・宮沢準曹、桃井久馬らと時事を談じて尊王論を唱えた。

明和三年（一七六六）十二月、上野国小幡城主織田信邦の老臣・吉田玄蕃の一件がおこり、その際、宮沢準曹らは大弐と親交をもった者を録記して、この者らは謀反の企てであると幕府に訴えた。たちまち右門と大弐は捕えられ、兵書雑談に不敬があると翌四年八月二十二日、大弐は死罪、右門はハリツケの末に梟首《きょうしゅ》という極刑に処せられた。大弐行年四十三歳、右門行年四十八歳だった。

右門が極刑に処せられた理由のなかに、「江戸城を攻める際、南風のときに品川から火をつけたらよいだろう」という言葉があったという。

右門のひ孫に藤井九成がいた。九成は三条家の小姓となり、岩倉具視《いわくらともみ》が岩倉村に幽居中に訪れ親交をもち、邸宅が薩摩屋敷と藪つづきであったことから、西郷隆盛、大久保利通らの密議の内容を岩倉に伝える使者をつとめた。勤王の血筋は争えないものである。

志士からもてはやされた高山彦九郎

三条大橋から御所に向かい、跪坐《きざ》している銅像が寛政の三奇人のひとり高山彦九郎正之である。警世《けいせい》家の彦九郎を奇人扱いとは蔑視したものである。

以前に地元テレビ局のレポーターが、修学旅行生に、「この像誰だと思いますか」と尋ねると、「まるで渋谷のハチ公みたい」と一笑に付された。この銅像は昭和三年、京都の日蓮宗石塔寺住職・明渡日正師が建立、彫刻家渡辺長男作で、題字は東郷平八郎が揮毫した。

第二次世界大戦末期に、軍部は美術関係者と協議の上、作品として良くないものから供出していくことになり、上野の西郷像、高知の龍馬像は残ったが、彦九郎像は異境の地に雨霰と飛び散った。現在の銅像は昭和三十六年に復元再建されたもの。

彦九郎はその後志士からもてはやされ、高杉晋作はサノサ節にして「人は武士、気前は高山彦九郎、京の三条の橋の上、軒は傾き壁は落ち是が一天万乗の君のまします御所なるか、草莽《そうもう》の臣高山彦九郎、慷慨悲憤《こうがいひふん》の至り、遥かに皇居を伏し拝み、落る涙は加茂の水」と歌った。

はじめて入洛したのは、明和元年（一七六四）弱冠十八歳だっ

現在では想像もつかないが、時には首が晒された三条大橋周辺。
過去から現在へ、時代は大きく変わっても、
鴨川は変わらず流れ続ける。

三条大橋から御所に向かい、跪坐《きざ》(ひざまづいて座ること)する
高山彦九郎。江戸中期の尊王家で、「寛政の三奇人」のひとりだが、
多くの修学旅行生にはなかなか気づいてもらえない。

た。花の都へ青雲の志を抱き、背には笈《きゆう》を負うあの像の姿は、どうみても初老の旅姿、史実とあまりにかけはなれている。

彦九郎は京の情景を

――東山に上りて見ればあわれなり
　手の平らほどの大宮どころ――

と詠んだ。

その後、二十八、三十六、四十四歳の四度入洛。荒れた禁裏御所をみて驚いたことは、御垣《みかき》はあっても濠はない。公家たちと町衆の心で皇《みかど》は護《まも》られている。大名のように権力で礎いた城とは月とスッポン、そう思うと尊厳さが肌身にしみこんできたのだろう。「京日記」に生きざまを淡々と綴っている。

また、四国を除き北は青森から南は鹿児島まで遊歴、つぶさに見た実学というべき尊王論を人びとに唱えた。学者にありがちな机上の論ではなかった。

彦九郎は三十一文字に大和心をたくし、終生漢詩は一編もつくらなかった。

――われをわれとしろしめすそや皇の
　玉の御こへのかかる嬉しさ――

四十五歳の作である。その二年後、筑後の森嘉膳邸で悲憤慷慨の上自刃した。戒名松陰以白居士。彦九郎を慕った吉田松陰《しよういん》は、嘉永三年(一八五〇)彦九郎が訪れた北辺視察を行う。松陰と名のったのは彦九郎の戒名からとったのかもしれない。

『日本外史』で尊王思想を鼓吹した頼山陽

化政期に代表される文人が頼山陽である。鴨川のほとりの書斎・水西荘を、夕影の鴨川のせせらぎと紫雲たなびく比叡山の山なみから〝山紫水明処《さんしすいめいしよ》〟と名づけ文人墨客を呼び集め、文化サロンを開くのを楽しみとしていた。いつのまにか水西荘は山紫水明処と呼ばれるようになった。山陽を囲む塾友は篠崎小竹、小石元瑞、菅茶山、広瀬淡窓、梁川星巌、青木木米と、先進的な当代一級の文化人ばかり、山陽はその中にあって、他の文人たちの追随を許さぬ文才をもっていた。

大著『日本外史』は、山陽二十八歳の文化四年(一八〇七)に脱稿し、いらい修正を加え論賛を書き足して四十七歳の文政九年(一八二六)に完成した。まさに労作であった。叔父の春風のすすめで、官撰でない歴史つまり体制外の人が自由に書いた歴史という意味がふくまれている。

この二十二巻の歴史書を八代将軍吉宗の孫である桑名藩の松平定信に献上したところ、約二十五日かけて読破、感激した定信は山陽に白銀二十枚、それに加え「集古十種」二函《にかん》を贈った。

幕末から明治にかけて年に約六千部刷られ、漢文の読めた者が当時二、三十万人であったが、そのほとんどが『日本外史』を読んだといわれ、空前のベストセラーとなった。また、『日本外史』の抄本、訳注など八十種にもおよび、広東語、英語、ドイツ語、フランス語、ロシア語などのものもある。

山陽は陽気で決して酒豪ではなかったが、伊丹の剣菱をギヤマンの盃で痛飲した。焼物のぐい呑で飲むと器によって味が変わるからだ。公家の近衛家の酒宴で「肴《さかな》は琵琶湖の鮮にては喰はず、酒は伊丹のものにては食はず」と、辛口を好んだというが、安芸の鞆《とも》の浦《うら》の中村家保命酒のあま口も飲んだというから、酒ならなんでもたしなんだ。ペリーもこの酒を飲みグッド、リキュウルと絶賛したという。

山陽は、美濃の江馬細香に一目惚れした。才色兼備の細香もまんざらでなく、山陽のいる京へ一〇八キロの道のりを三日かけて七度も訪ねている。幕末版遠距離恋愛であったが、細香の父蘭斎は二人の結婚を認めなかった。

山陽三十五歳の時、文化十一年(一八一四)主治医の小石元瑞の世話で小石家の養女梨影十八歳と結婚した。梨影は賢婦で山陽没後、支峰、三樹三郎の二子を育てたが、「家名を汚さず偉人になれ」と、兄支峰を儒学者に、弟三樹三郎を天下国家を論じる勤王の志士にさせ、晩年、幼児教育の功労で京都町奉行から褒賞されるほどだった。山陽と梨影夫人の墓は円山の長楽寺にある。

頼山陽宅“山紫水明処”石碑

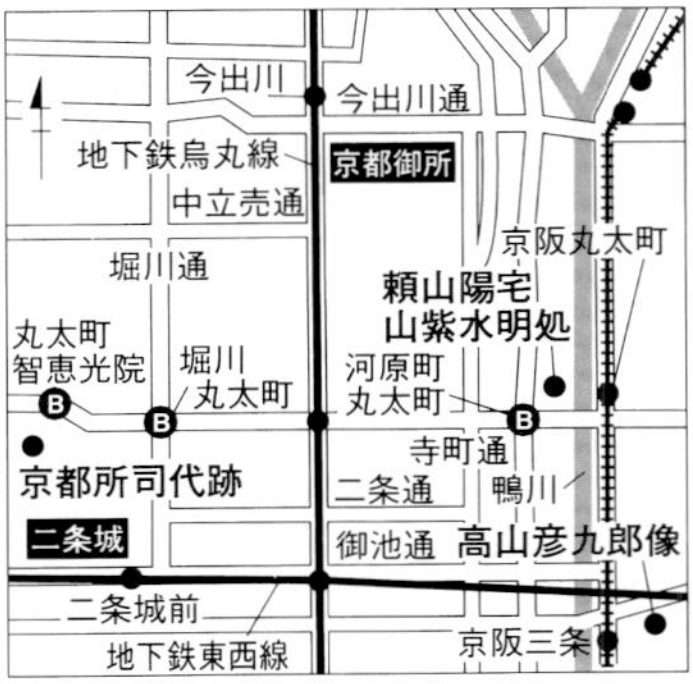

京都所司代跡周辺

市バス10、202、204系統などで丸太町智恵光院下車。

頼山陽宅山紫水明処

市バス10、17、59、202、204、205系統などで河原町丸太町下車すぐ。京阪電鉄丸太町駅下車、徒歩５分。

諸国の勤王家と交わった詩人、梁川星巌

〝文は山陽、詩は星巌〟と謳《うた》われるほどの詩人であった梁川星巌は、寛政元年(一七八九)美濃国安八《あんぱち》郡曽根《そね》に生まれた。同村の富農で稲津《いなづ》長好《ちょうこう》の次女景《けい》(景婉、号は紅蘭)と文政十三年(一八三〇)結婚した。紅蘭十七歳、星巌三十二歳だった。二人は再従兄《またいとこ》であり、詩文の師が夫ということもあって、畿内、山陽、九州へと夫婦で旅をして各地の文人と交わった。

天保三年(一八三二)江戸に「玉池吟社《ぎょくちぎんしゃ》」と称した詩社をつくり、佐久間象山ら先覚志士の来往があった。弘化三年(一八四六)入洛し、鴨沂小隠《おうぎしょういん》をつくり、老龍庵《ろうりゅうあん》を結んだ。つねに諸国の勤王家が訪れ、〝悪謀の問屋〟と呼ばれ、また、星巌、頼山陽の子の三樹三郎、梅田雲浜《うんぴん》、池田大学は〝反逆の四天王〟と目され、幕吏《ばくり》からにらまれていた。

星巌と紅蘭の鴛鴦《えんおう》ぶりは文人仲間もうらやむほどで、紅蘭の描く墨画に星巌が賛を入れる。蜜月の生活は幕吏に狙われたが、当時流行のコロリにかかり星巌は逮捕三日前に死んでしまった。世間では「詩のうまさ」をもじって死に上手と皮肉くった。墓は南禅寺の天授庵に仲良く肩をならべて葬られている。星巌行年七十歳だった。

維新後、朝廷は星巌の忠勤を賞し、紅蘭に二人扶持を下賜した。明治十二年(一八七九)、紅蘭は没した。行年七十六歳だった。

上／詩人梁川星巌と夫人の紅蘭は、仲良く南禅寺の天授庵に葬られている。
左／上京区烏丸通り上立売上るの藤井右門宅跡周辺。

条約勅許問題

京都御苑内の九条邸の一部、拾翠亭《しゅうすいてい》。九条邸は異国との通商条約に関する勅答書をめぐる争いの舞台となった。現在はこの建物と庭の一部が当時のおもかげを伝えている。

鎖国か開国か？ 九条尚忠と堀田正睦

ペリー来航の余波が京都に

鎖国か開国か、この選択をせまられたのが嘉永六年（一八五三）のペリー来航であった。

勤王派の志士らは藩意識を超えて〝日本〟を意識しはじめた。この考えは当然ながら幕府も現実問題として解決せねばならない重大事でもあった。

ペリー来航からさかのぼる七年前の弘化三年（一八四六）アメリカ東インド艦隊司令長官ビットルが、ペリーと同じ浦賀に初めて来航し通商を打診している。

この頃のアメリカ史をひもとくと、一八四五年（弘化二）テキサス併合、一八四六年（弘化三）オレゴン併合、一八四八年（嘉永元）米墨戦争によりカリフォルニア・ニューメキシコを取得、一八五三年（嘉永六）ガンデン地方をメキシコより買収し、なんと北米大陸の西半分以上の領土を獲得した。その推進者は一八四四年（弘化元）に第十一代アメリカ大統領に就任したポークで、彼のスローガンは〝明白な運命〟（マニフェスト・デスティニー）と呼ばれるもので、増えつづける何百万人の自由な発展のために西方へ領土を拡張するのは、神が予定したことであるとする。領土の拡張線上に日本が見据えられていたといっても過言ではないだろう。ところで、ペリーが来航した嘉永六年、その年の元号が不吉と解釈し、「政治を安んずる」の意味から安政と改元した。

強硬なペリーは幕府に砲身外交を展開、ついに安政元年（一八五四）三月、日米和親条約、開国へと走った。「なぜ京の朝廷になんの相談もなしに条約した」と、幕府の天皇無視に公卿たちが騒ぐ。条約勅許を求めよ！

翌二年、江戸は大地震にみまわれ、人心が動揺することばかりつづいた。内憂外患に悩んでいた老中阿部正弘は、そこで佐倉藩主の・堀田《ほった》正睦《まさよし》を外交担当の老中首座にすえた。

―― 地震から開く桜（佐倉）の返り咲き ――

正睦は蘭癖大名とよばれるほどの開明派、幕府が各国との通商を円滑にするためには、まず勅許が急務と、同五年上洛の命がくだった。二月五日寺町二条の本能寺に投宿、九日に小御所にて孝明天皇に拝謁し、通商勅許を懇願した。ところが、正月十七日、孝明天皇から関白九条尚忠《ひさただ》に宸翰《しんかん》（天皇が自分で書かれた文書）が届けられており、その内容は幕命で堀田が入洛し、献上物や金品を積んできても、国家の大事であるから決してまどわされて関東のいいなりになってはいけない、くれぐれも御用心との忠告であった。

正睦は関白九条と会談をもち、幕府からの通商に関する意見書を渡し、条約勅許を願ったが、公卿のほとんどは尊王攘夷派でしめられていた。

孝明天皇の側近には青蓮院宮がおり、左大臣近衛忠煕《ただひろ》、内大臣三条実万《さねつむ》がひかえ、関白九条もそのひとりであった。公卿中、ただひとり前関白鷹司政通《たかつかさまさみち》が、開国論者で幕府に賛同していた。

――世の中は欲と忠との堺町

東はあづま西は九重《ここのえ》――

当時、鷹司邸が堺町御門の東にあり、西に九条邸があった。また、鷹司が幕府寄り、九条が朝廷寄りであったという。

そこで正睦は井伊直弼の知恵袋とよばれていた長野主膳に協力を要請、主膳は九条家家士《かし》の島田左近とともに、孝明天皇の側近に対し金品の買収作戦にでた。一方、幕府寄りの鷹司は三国大学と小林良典の説得で朝廷寄りに転向していた。ところが反対に九条が幕府寄りの考えを示し、三月十一日に「此上は関東において御勘考有る可く様御頼み遊ばされ候」と、勅答書（天皇のお答えの書面）をつくった。

勅許（天皇の許可）は出しませんので幕府でご自由にという、幕府に有利なこの内容を、十四日宮中で正睦に奉呈することになった。

孝明天皇は直接、朝廷に不利な勅答書をつくった九条をせめられず、公卿たちによってこの勅答書が幕府の手に入る事前に会議をもって改めることをのぞまれた。「今度の返答之事、国家之安危にも候へば、御心配の旨、何とか宜敷く勘考を加へ書改に相成る可く」との御沙汰を受けとった久我建通は、大原重徳と岩倉具視と協議の上、十二日早朝より八十八人の公卿を集めて決議したのが、勅答書を改めることと、条約不裁可であった。

公卿たちはその足で九条邸へ押しかけ、勅答書の改作を認めさせた。二十日、正睦に条約不裁可の勅答書が渡されると、彼は再度朝廷で勅許を懇願したが聞き入れられず、二十八日、江戸へ帰った。

四月二十三日、井伊直弼は大老に就任、六月十九日、勅許を無視して神奈川沖のポーハタン号上においてハリスと井上清《いのうえきよ》直《なお》、岩瀬忠震《いわせただなり》の間で日米通商条約を締結させた。

現在は九条邸の一部の拾翠亭と庭の一部が、当時のおもかげを伝えている。

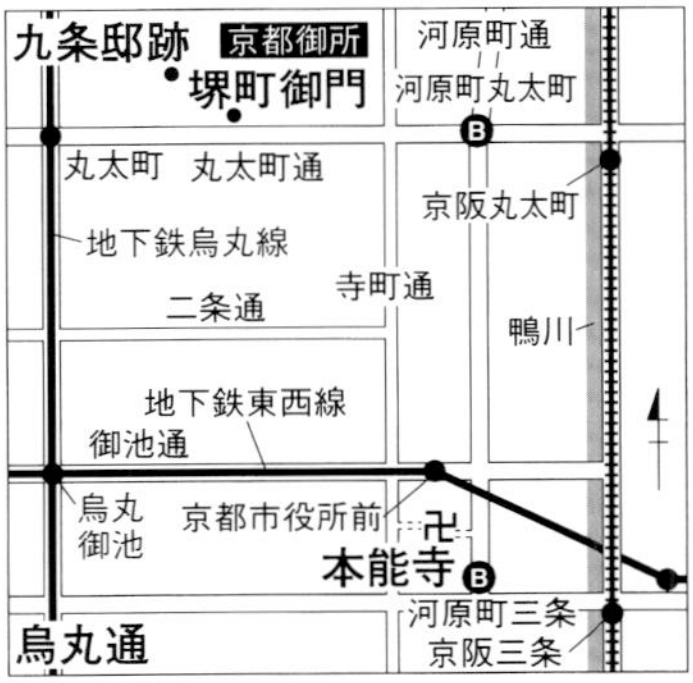

九条邸跡

地下鉄烏丸線丸太町駅下車すぐ。市バス10、51、202系統などで烏丸丸太町下車すぐ。

本能寺

市バス10、17、59、205系統などで河原町三条下車、徒歩３分。地下鉄東西線京都市役所前駅下車すぐ。

将軍継嗣問題

東山区の清水寺成就院。西郷隆盛らと一橋慶喜(のち徳川慶喜)を擁立した月照が住職だった。

写真上／忠僕茶屋。時局に逆らえず錦江湾へ入水を計った西郷と月照を援助し、助からなかった月照の遺品を携えて帰京した大槻重助に、清水寺は永代にわたり茶店を営むことを許した。

写真左／舌切茶屋。厳しい拷問を受けながらも一切を語らず月照をかばい、壮絶な死をとげた近藤正慎《しょうしん》の妻子に、清水寺は永代門前での営業を許した。

強まる強権政治の圧力

諸外国の外圧に対処する有能な人物を求める声が広がっていた。世子十三代将軍家定は三十歳をすぎても子供にめぐまれなかった。

そんななか、将軍継嗣《けいし》問題がわきおこった。老中阿部正弘、越前藩主松平春嶽《しゅんがく》、薩摩藩主島津斉彬《なりあきら》の開明派大名たちは、将軍継嗣は御三卿、御三家より通常は選ぶことから、一橋家当主の一橋慶喜（のち徳川慶喜）を擁立した。ところが安政四年（一八五七）六月、阿部が病没したため幕政内の影響力が弱まった。

慶喜を将軍にするためには朝廷の権威が重要であり、薩摩の西郷隆盛は清水寺の成就院住職月照らと清閑寺の茶室郭公亭《かっこうてい》や東福寺即宗院の採薪亭で密議を重ね、公卿近衛忠煕《このえただひろ》に働きかけ、また越前藩士の橋本左内は幕政改革論から慶喜擁立派となり公卿三条実万《さねつむ》に入説《にゅうせつ》、実万は青蓮院宮朝彦親王らと計り廷臣をまとめ、朝議が内決しかけたところへ、井伊直弼が安政五年（一八五八）四月大老に就任した。

井伊は強権政治をもって尊攘派の志士らの弾圧を強めたので、水戸藩京都留守居役の鵜飼《うかい》吉左衛門、幸吉父子も慶喜擁立派にまわり、水戸への密勅が押収され捕えられたのを皮切に、西郷も危険人物としてマークされ、近衛のすすめで月照は西郷とともに京を逃れた。

成就院の執事を務めていた近藤正慎《しょうしん》は、月照の逃亡を手助けした嫌疑をかけられ京都西町奉行所に捕われ厳しい拷問を受けた。だが一切語らず舌をかみ、獄舎の壁に頭を打ちつけて壮絶な死をとげた。残された妻子に清水寺では永代門前での営業を許した。今も舌切茶屋を縁者が営んでいる。余談だが正慎の孫、近藤悠三は人間国宝の陶芸家、俳優の近藤正臣も縁者である。

月照は西下する際、下僕の大槻重助をつれ伏見より大坂を経て、船で薩摩へ逃亡したが、西郷は薩摩藩で月照をかばいきれぬと悟り、十一月十五日夜、月照を抱き錦江湾へ入水《じゅすい》を計った。西郷は身長一八〇センチ、体重一〇八キロ、それに比べ月照は身長一五〇センチの小柄だった。

重助は西郷と月照を救助したが、西郷は蘇生したが、月照は助からず、遺品を携えて帰京した。その後捕えられ半年獄舎につながれたが放免となり、その忠僕ぶりに感銘した清水寺では永代にわたり茶店を営むことを許した。忠僕茶屋として今も営業している。

一橋慶喜と徳川慶福

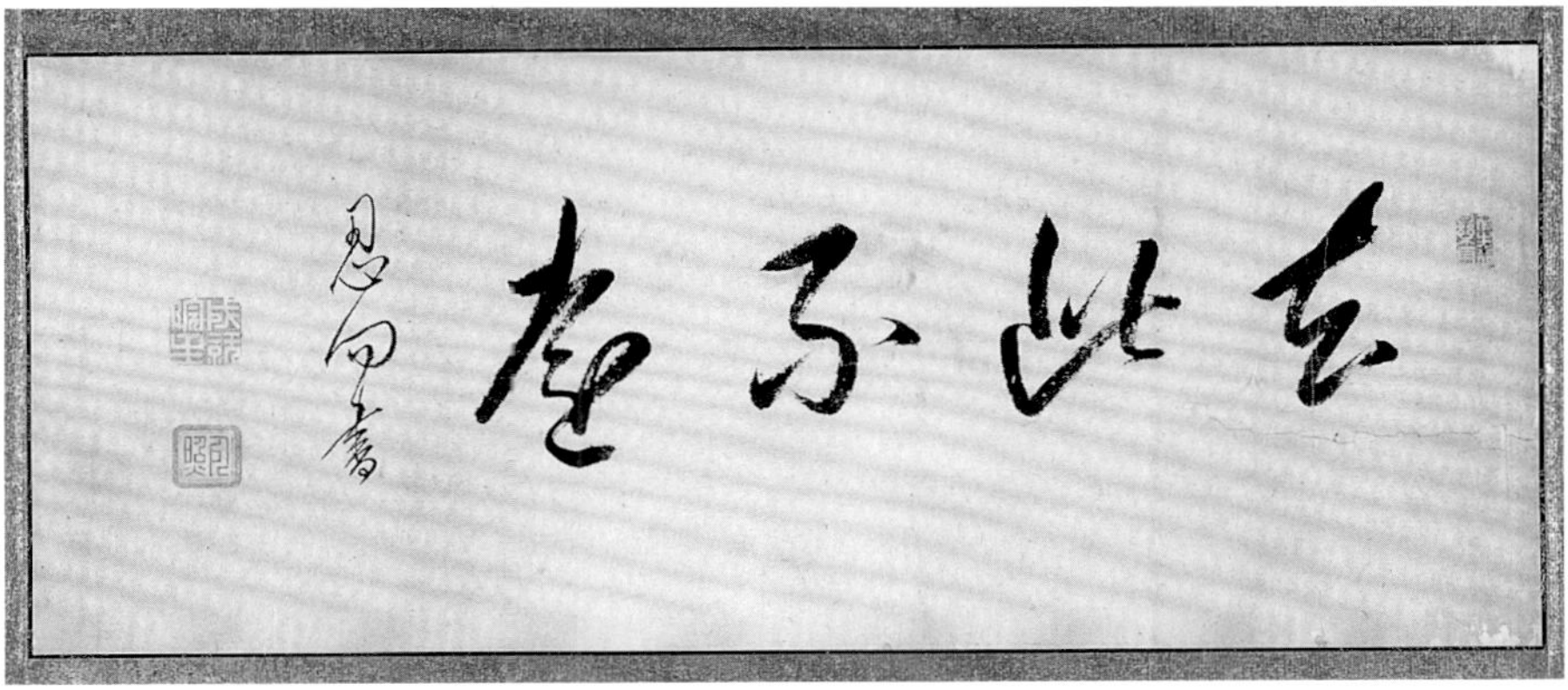

話を戻すと、将軍継嗣問題は日米修好通商条約の調印問題に端を発していた。

一橋派は英明、人望、年長という点から慶喜を推進するが、大老井伊は徳川家康から連綿と血筋のある、紀州藩主徳川慶《よし》福《とみ》(のち家茂)を有力候補とした。この派閥には譜代諸侯、将軍の側近である幕臣、また、かねがね慶喜の父斉昭《なりあき》が大奥批判をしていたこともあって、大奥たちがこぞって慶福支持にまわった。

当時、慶福は十三歳の少年、紀州藩主といえども実権は家老水野忠央《ただなか》が牛耳り、ただの飾りもの、顔は著しい反っ歯だった。これに比べ慶喜は美顔だが、剛情公のアダ名どおり傑物だった。結局、六月二十五日大老井伊の意見を受け入れ将軍家定は慶福を継嗣に選んだ。

写真上／月照の書。霊山歴史館蔵。
写真下／東山区の清閑寺鐘楼堂。月照と西郷が密議した茶室郭公亭は、この上にあった。

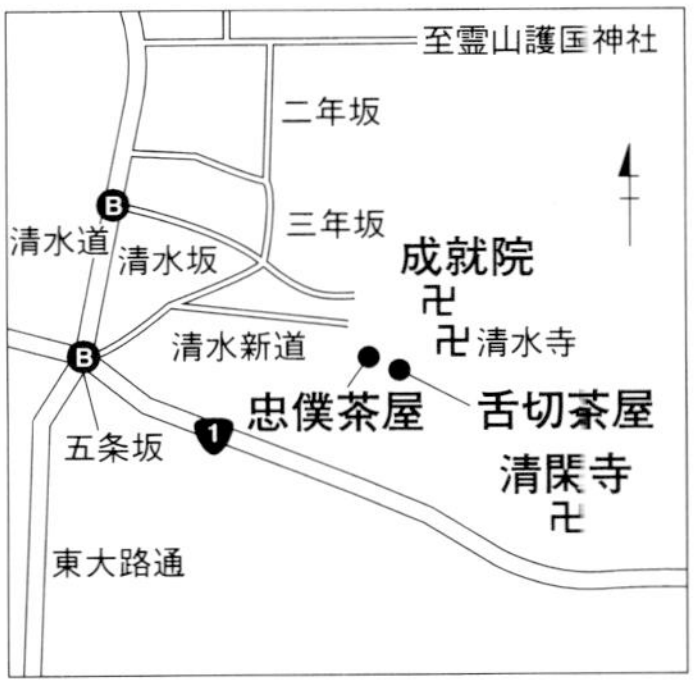

清水寺周辺

市バス202、206系統などで五条坂または清水道下車、徒歩10分。

将軍継嗣問題

中京区堀川通り二条下る東側の越前福井藩邸の名残り。現在は、京都国際ホテルの敷地内となっている。慶喜擁立の立場で将軍継嗣を計った越前藩士橋本左内は、ここに滞在した。

安政の大獄

中京区烏丸通り御池上る東側の梅田雲浜《うんぴん》邸址の石碑。雲浜は小浜藩士で攘夷派、将軍継嗣では慶喜を推したので、安政の大獄で捕えられた。

勤王派の多数の犠牲者たち

大老井伊の勅許なしでの条約調印、それに加え将軍継嗣での強行に対し尊攘派の怒りは頂点に達した。

安政五年(一八五八)から翌年にかけて、井伊はこれらの尊攘派を弾圧した。安政の大獄あるいは戊午《ぼご》の大獄という。

処罰されたのは、宮、公卿ら二十人、幕臣九人、諸藩士二十人、儒者三人、神官二人、僧侶二人、農民・商人十三人、合計六十九人。このほか弾圧前に病没した者や捕縛後に死んだ者十人、別に公卿、大名で処分された者二十一人。その数、百名にもおよんだ。

一方で、幕府は条約調印後の承諾を求める信書を安政五年六月二十七日、朝廷に送った。孝明天皇は幕府の勅許なしの調印に激怒し、ただちに三家、大老のうち一人を上洛するよう命じたが、井伊はこれを無視して老中の間部詮勝《まなべあきかつ》を九月十七日、上洛させた。宿所を寺町二条の妙満寺にきめた。

間部は福井鯖江藩五万石の藩主で、天保七年七月に大坂城代に抜擢され、同九年に京都所司代を務めたことから、井伊にこの大役を命ぜられた。

間部は入洛後、井伊の腹心である長野主膳《しゅぜん》と彼の投宿先の俵屋で綿密に画策して朝廷と交渉にのぞむが遅々として結果が得られず、江戸に戻り井伊と対立、老中を辞職させられ、文久二年には一万石を削られたうえに隠居、謹慎を命ぜられている。

話を大獄に戻すと、井伊は間部を使い勤王派弾圧に打ってでた。まず九月五日、京都町奉行所の幕吏が近藤茂左衛門を捕え、六角獄舎に投じた。近藤は信濃国松本の大名主で弟貞一郎と共に江戸へ遊学、水戸老侯徳川斉昭《なりあき》の内意で入洛し、青蓮院宮尊融法親王および三条実万らの公卿間を奔走した。水戸藩に密勅の降下するや、幕吏は情報を入手し近藤兄弟を追い、貞一郎は近江堅田でコレラに罹《かか》って没し、茂左衛門は大津で捕縛された。これが京都での安政の大獄の犠牲者第一号であった。

つづいて同七日、小浜藩士の梅田雲浜は、藩主で京都所司代に就任した酒井忠義《ただよし》の忌諱にふれ士籍を除かれた。つねに条約の不可を唱え、門下生の、青蓮院宮家臣である伊丹蔵人《いたみくろうど》、山田《やまだ》勘解由《かげゆ》を通して青蓮院宮に、攘夷親征におよぶとの幕府への勅答案を提出していた。また同志らと大老井伊を斥《しりぞ》けて幕政改革を図ろうとしたことが、長野主膳の耳に入り所司代・酒井の命により烏丸御池の寓居で伏見奉行所の幕吏に捕えられた。

雲浜は、賢婦信《のぶ》が陰で支えた。安政元年(一八五四)にロシアの使節プチャーチンがロシア極東艦隊を率いて大坂湾に入り通商を求めた時、同志と大阪に走った。

〝妻は病床に臥《ふ》し、児《こ》は飢《うえ》に叫《な》く、身を挺《てい》し直に戎夷《えびす》に当らんと欲す〟

と、肺病の信と二人の子供を残し、国のために後ろ髪引かれる思いで走った。


雲浜には商才があり、洛西樫原《かたぎはら》の大庄屋で油商の小泉仁左衛門宅に長州物産所の京都出張所を開設して、長州から蝋《ろう》、干魚《ほしざかな》、半紙を仕入れ、京からは呉服、菜種、材木などを長州へ送って商い、利益を活動資金にあてた。安政二年、信が没し洛東の鳥《とり》辺山《べやま》安祥院《あんしょういん》に葬ったが、位牌の入った小箱を肌身離さず持ち歩いていたという。

長州では吉田松陰が、間部の要撃計画が発覚して幽閉された。幕府は安政六年（一八五九）二月十七日、青蓮院宮と内大臣一条忠香らを慎に処し、三月二十八日、左大臣近衛忠熙、右大臣鷹司輔熙《すけひろ》に辞官を命じ、四月二十二日、近衛、鷹司と前関白鷹司政通、前内大臣三条実万の四公卿を落飾、慎に処した。また、京都で捕縛した者を、五年十二月から翌年三月にかけ三回江戸送りにした。鵜飼吉左衛門、茅根《ちね》伊予之介、橋本左内、頼三樹三郎、飯泉喜内《いいずみきない》、吉田松陰は死罪の極刑に処せられた。


万延元年（一八六〇）三月三日、井伊は水戸浪士らに江戸桜田門外で斬殺され、降りしきる雪を鮮血で染めた。狂句に、

――人参《にんじん》で首を継《つ》げとの御使《おんつかい》――

というものがある。死んだはずの井伊を幕府は重傷と発表し、将軍家茂から負傷見舞に朝鮮人参十五斤《きん》を賜わったつくり話までして取りつくろった。また、

――井伊掃部頭《かもんのかみ》、逆さに読めば、頭部を掃《はら》って伊井《いい》――

と皮肉たっぷりに弄ばれ強権政治の幕は引きおろされた。

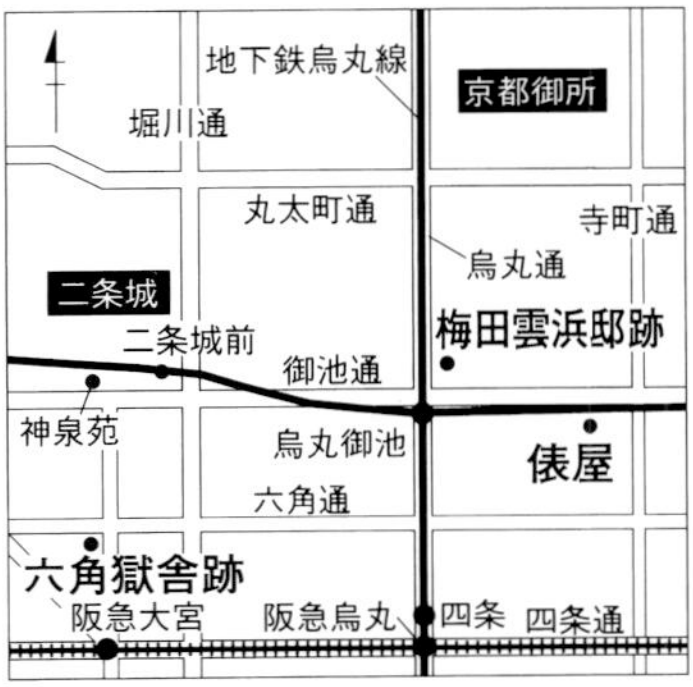

梅田雲浜宅跡
地下鉄烏丸線または地下鉄東西線で烏丸御池駅下車、徒歩３分。市バス15、51系統で烏丸御池下車すぐ。

写真上／東山区粟田口三条坊町の青蓮院。青蓮院宮尊融法親王も謹慎の処分を受けた。写真下／俵屋旅館。井伊の腹心長野主膳が投宿した。

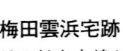

中京区六角通り大宮西入るにある六角獄舎跡の石碑。安政の大獄以後、多くの者がここに収容された。今は想像もつかないが、石碑は残っているので、当時に想いをはせてみるのもまた一つの体験であろう。

和宮降嫁

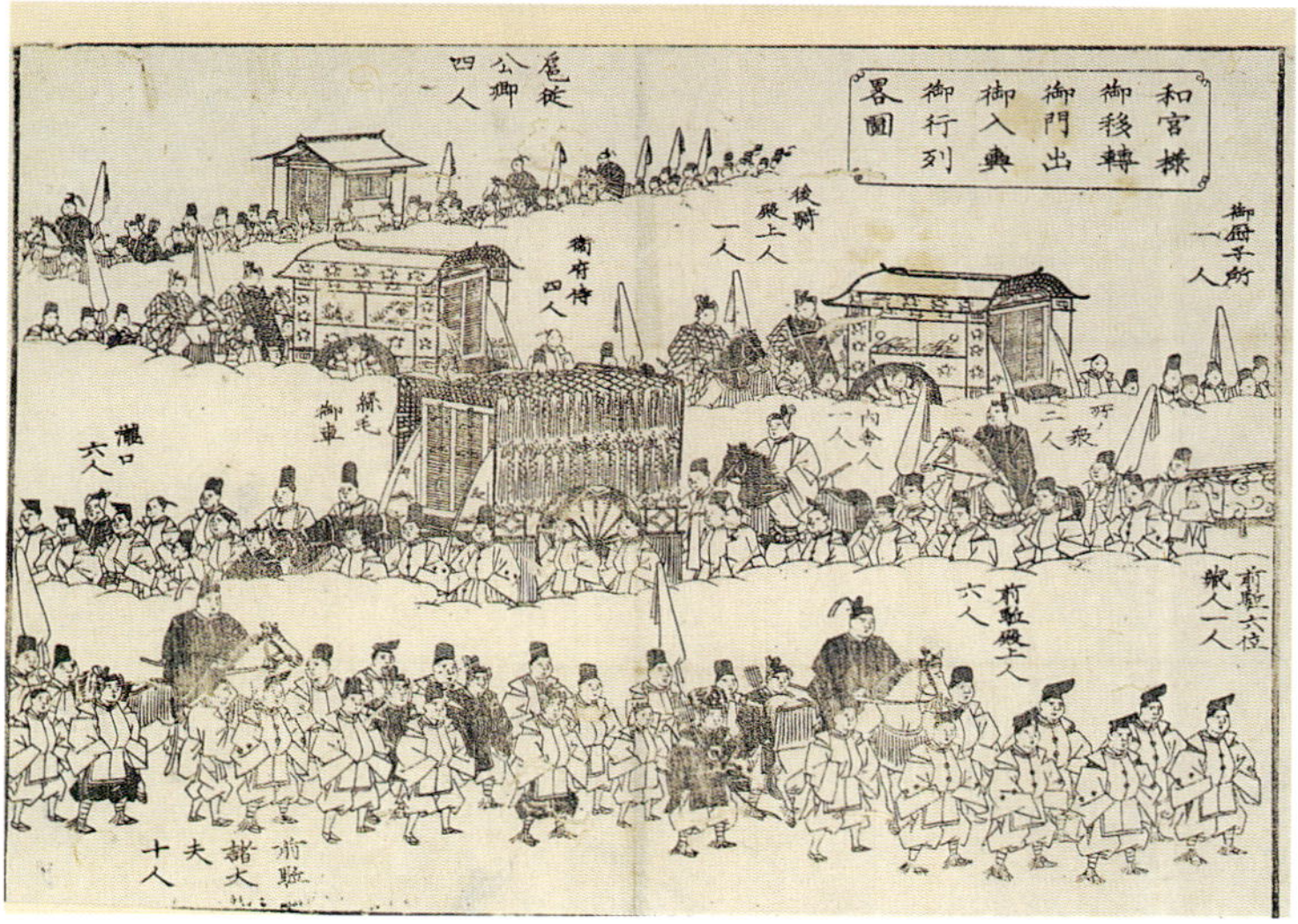

和宮降嫁絵図。政略結婚と知りつつも、和宮は一身を国のために捧げる覚悟で江戸に向かった。

丙午《ひのえうま》の悲劇

混迷する政局を何とかせねばとする幕府が思案の末思いついたのが、皇妹和宮《かずのみや》の将軍家への降嫁《こうか》であった。幕末版政略結婚といわれる所以《ゆえん》である。

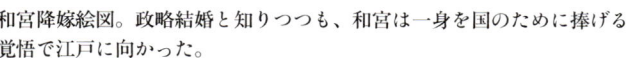

和宮は弘化三年(一八四六)閏《うるう》五月十日、京に生まれた。父は仁孝天皇、母は橋本経子《つねこ》である。一方、将軍の家茂《いえもち》は和宮と同じ年の五月二十四日、江戸赤坂の紀伊藩邸で生まれた。したがって和宮が十四日早く生まれたことになる。家茂の幼名は菊千代といい、父は十一代紀伊藩主徳川斉順《なりゆき》で、将軍家斉の七男であったから、家茂は将軍の孫というりっぱな家系であった。母は松平みさ。ところが父斉順は家茂が生まれる十六日前に死去しているので、いわゆる遺腹であった。それに加え、家茂、和宮の生まれた弘化三年は災いの年と言われる〝丙午《ひのえうま》〟、ここからふたりの不幸ははじまった。

和宮は兄の孝明天皇と十五歳も離れていた。生まれて十六日目に和宮と命名され、生後百日目ごろになると「箸初の祝」、二歳で初めて頭髪を蓄える「髪置の祝」、三歳で「歳替《としがえ》の儀」を行って三歳若く生まれがわり申年《さるどし》の生まれとなった。やはり丙午のことが宮中で気がかりだったのだろう。つづいて初めて色のある衣服に袖を通す「色直《いろなおし》の儀」が行われた。結婚式のお色直しはここにルーツがあった。

嘉永四年(一八五一)七月十二日、物心ついた六歳のとき有栖《ありすが》川宮熾仁親王《わのみやたるひとしんのう》と正式に婚約した。熾仁親王とは十一歳ちがい。つまり家茂へ降嫁する前にすでに婚約者がいたことになる。

安政五年(一八五八)九月、大老井伊直弼の側近である長野主膳によって密かに降嫁の献策がなされた。その画策は近衛忠熙《このえただひろ》から京都所司代の酒井忠義《さかいただあき》に伝えられた。孝明天皇をとりまく廷臣たちのなかにも、朝廷と幕府との信頼関係をたもつ公武合体論に賛同する者も多かった。この公武合体論に反対する勤王派たちの弾圧に大老の井伊はのりだした。安政の大獄である。

そんななかで安政六年(一八五九)四月、熾仁親王へ和宮の入《じゅ》輿《よ》が内定された。和宮の顔は和らぎ、百々御所《どどごしょ》とよばれる宝鏡寺で上臈《じょうろう》(身分の高い女官)と双六《すごろく》、貝合わせ、投扇興《とうせんきょう》に打ち興じ、鶴亀の庭にはしゃぐ声が広がった。安堵《あんど》するのも束の間、幕府は老中連署の書状を正式に酒井忠義に送り、降嫁の内請を関白九条尚忠《くじょうなおただ》に申し込んでいた。当然ながら妹の和宮の心中を察し、孝明天皇は内請を拒絶した。

その理由は、すでに婚約が内定していること。皇妹なので考えを強制しがたいこと。和宮は江戸に夷人がおり恐怖していること。この三カ条をあげた。そこへ朝廷の復権と幕政の安定を実現すべきには降嫁しかないと熱弁する下級公家の岩倉具視《いわくらともみ》があらわれた。

岩倉は再度、孝明天皇に「降嫁は荒廃した政局を安全させ、人心の一致をうながし、しいては外夷を防禦する手段《てだて》になりましょうぞ!」と、再考をせまった。

写真下/京都市上京区の宝鏡寺。和宮はここで女官たちと遊んだ。

苦渋の選択をよぎなくされた孝明天皇は、幕府が降嫁を承服しない折は〝譲位〟も考えていることを和宮に伝えた。この言葉に和宮の心がゆらいだ。政略とは知りつつ一身を国のために捧げ犠牲になればと、一書を孝明天皇に届けられた。

「御上《おかみ》にもかれこれ御心配遊ばし戴き、御あつき思召さまの程、段々伺ひ、誠に恐れ入りまゐらせ候まま、天下泰平の為め、誠にいや〱の事、余義なく御うけ申し上げ候事におはしまし候」と、書面には心境が綴られていた。

だが相手の家茂も相思相愛の伏見宮邦家親王の八女則子との縁談を断ちきって、和宮との縁談を進めなければならなかった。

文久元年（一八六一）十月、旅中の安全祈願の為に祇園社（八坂神社）に参詣する「首途《かどで》の儀」を行い、二十日、京を出発された。

――惜しまじな君と民とのためならば
身は武蔵野の露と消ゆとも――

行列は草津本陣から中山道へ入り、道すがら二十九藩延べ十万近い藩士たちに見守られ、五百四十キロの道のりを二十五日かけ、十一月十五日江戸に到着、御三卿の清水昭武邸に入られた。

翌二年二月十一日、家茂との婚儀がとどこおりなく執り行われた。

はじめてみる家茂は細面、一般にいわれる馬づらで鼻筋の通った顔、著しい反っ歯だった。家茂は丙午どしの生まれとあって大変な愛馬家、孝明天皇に内願して鞍置の良馬を賜わったこともあった。

和宮の江戸での大奥の生活は武家風で、御所風の作法は一切聞き入れられなかった。ところがある日、家茂の草履《ぞうり》をそろえ直した行為に侍女たちが驚き冷笑しなくなったという。

二人の唯一の楽しみは砂糖菓子を食べること。和宮は七本、家茂は三十本すべてが虫歯だった。将軍家の御歯医師の佐藤道安が播州赤穂で精選した塩と房楊枝で治療したという。余談だが、油とりで有名な四条通りの「ようじや」は、もとをただせば御所ご用達の楊枝屋であった。

政略結婚したものの公武合体は空論となり、皮肉にも幕政は好転しなかったのである。

宝鏡寺

市バス9、快速9、12系統で堀川寺之内下車すぐ。

寺田屋事件

京都市伏見区にある寺田屋。この寺田屋で、薩摩藩の内紛がおこり、
有馬新七ら急進派の志士たちが闘死した。

写真左／急進派の闘死者が葬られた伏見区鷹匠町の大黒寺。

写真右／西郷隆盛が建立した九烈士の墓碑。隆盛は涙をふるって墓標文を揮毫したという。

同士討ちの悲劇―有馬新七ら九烈士の闘死

勃発した内紛

伏見の船宿寺田屋は薩摩の定宿として知られていた。旅人のほとんどは伏見街道から京橋に出て、寺田屋の前の船着場から三十石船で大坂八軒屋へと向かった。船は六人あるいは八人の船頭で朝三便、昼四便、夜五便ほど往復、下りは早く夜に乗船すれば早朝には大坂に着いた。上りは綱で引くから朝八軒屋を出ても夕方にしか伏見に入ることはできなかった。

船賃は天保銭一枚、一人座席で寝ころべば当然ながら三人分の料金がかかったという。寺田屋の女将お登勢は大津の船宿山本重兵衛の次女で、十八歳のとき寺田屋伊助に嫁した。伊助は放蕩者で店は女将お登勢が一切きりもりし、二人の娘に加え五人の孤児まで養育した。義侠心が強く、志士たちにも援助をおしまなかった。

酒所伏見の酒蔵

この寺田屋で薩摩藩の内紛がおこった事件があった。

文久二年(一八六二)三月十六日、薩摩の国父・島津久光は千名をもって率兵上京、四月十日大坂藩邸に入った。これを機に尊攘派の志士らは檄《げき》をとばして同志二百五十人ばかりが参集し、王政復古の魁《さきがけ》にしようと画策した。

その内容たるや「関白九条尚忠と所司代酒井忠義を襲撃し、相国寺獅子王院に幽閉されている前青蓮院宮尊融法親王を助け出し、宮を奉じて参内する。そして、久光に滞京の詔《みことのり》を賜わり、三百諸侯に檄して、その上京を促す。その上で集議によって国是を決し、もし幕府が朝命を拒むときは、違勅の罪を責めて立ちどころに誅伐を加える」という過激なもの。

しかし久光は公武合体論を唱えたため、薩摩急進派と久留米水天宮神官真木和泉守率いる諸藩有志は京都進撃を目論んだ。

四月二十三日七ツ半(午後五時)、急進派の有馬新七、柴山愛次郎らと志士たちがぞくぞくと姿を現わした。そこへ久光の命を受けた薩摩鎮撫使の奈良原喜八郎、大山格之助、鈴木勇右衛門、同昌之助、森岡清左衛門、道島五郎兵衛、山口金之進、江夏仲左衛門らの示現流の剣客が竹田、伏見両街道から二手に分かれて寺田屋に向かっていた。

まず、奈良原、江夏、道島、森岡の一組が着き、有馬、柴山、田中謙介、橋口壮介の四人と階下奥の室で会見した。奈良原が有馬に向かい「久光公の命で参った。錦小路の藩邸まで御同行願いたい」と告げると、有馬は毅然として「攘夷が先だ。断る」の押問答、そこへ鎮撫隊のもう一組が着いた。

有馬にすれば諸藩の志士の手前もある。奈良原は電光石火に白刃を抜き、示現流独特のトンボ構えで〝上意討ち！〟と、猿声のような掛け声で〝チェスト〟と有馬と斬りむすんだ。示現流は肉を斬らせて骨を断つといわれるほどすさまじい剣法と新選組もおそれたほど。

鎮撫使道島の太刀は、田中謙介の眉間を斜めに切り裂く。鮮血が飛び散ると同時に一瞬のことで柄に手をかけたまま、眼球が飛び出し無言のまま倒れた。

急進派の連中は、諸藩の志士に「ここは薩摩の同志のこと一切かかわらぬよう」と二階へ押し込め、いたるところで戦闘がつづく、有馬の最期は、道島が壁に体ごと押さえつけ「おいごと刺せ」と橋口吉之丞(壮介の弟)に命じ、刀で田楽刺しにしたという。ところがこの話、小説家のつくり話でこういう状況はなかったと鎮撫使が晩年語っている。

急進派の闘死者はつぎのとおり。( )内は年齢である。

有馬新七(38)、柴山愛次郎(27)、橋口壮介(22)、橋口伝蔵(30)、弟子丸竜介(25)、西田直五郎(25)、重傷を負った田中謙介(35)、森山新五左衛門(20)らは、翌日、藩邸で切腹、二十七日には山本四郎(24)が自刃した。殉難者はお登勢が伏見鷹匠町の大黒寺に手厚く葬り、のち西郷隆盛は九烈士の墓碑を建立し涙をふるって墓標文を揮毫した。

鎮撫使の道島は即死、、負傷者は多数にのぼった。また急進派の西郷従道《つぐみち》と伊集院直右衛門は帰国謹慎を命ぜられた。

寺田屋の部屋は襖は破れ、壁や天井は血が飛び、畳はぼろぼろになったが、薩摩藩では同士討ちの恥と、その日のうちに伏見の職人をよび集め、元どおりに修理させ、お登勢に一切他言せぬようにいい聞かせたという。

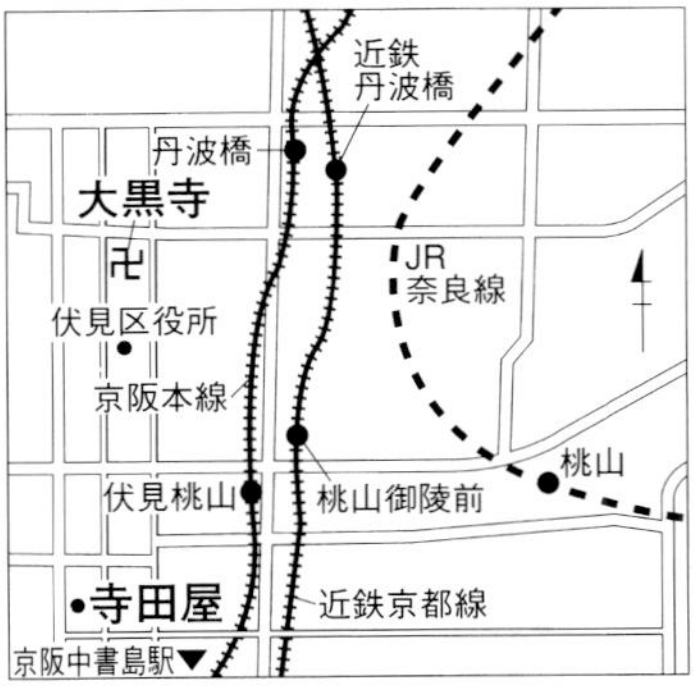

寺田屋

京阪本線中書島駅下車、北へ徒歩5分。

大黒寺

京阪本線中書島駅下車、北へ徒歩10分。
近鉄丹波橋駅下車、徒歩7分。

最初の天誅

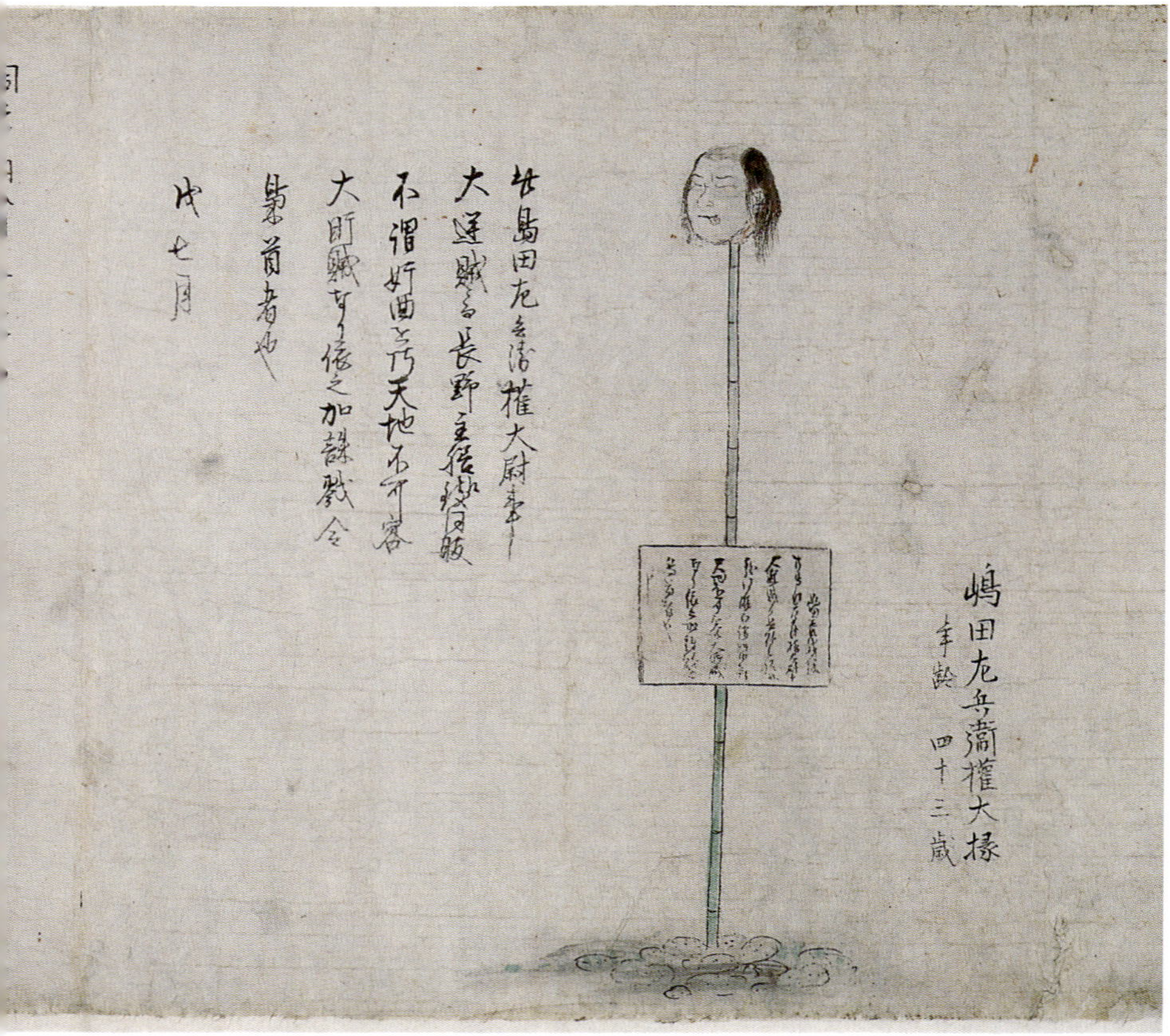

天誅絵巻。梟首《きょうしゅ》(さらし首の漢語的表現)の様子がよく分かる。
青竹の先に刺さっているのは首である。青竹につけた板片には、殺された者の罪条が書かれてあった。テロ行為は、次第にエスカレートしていった。

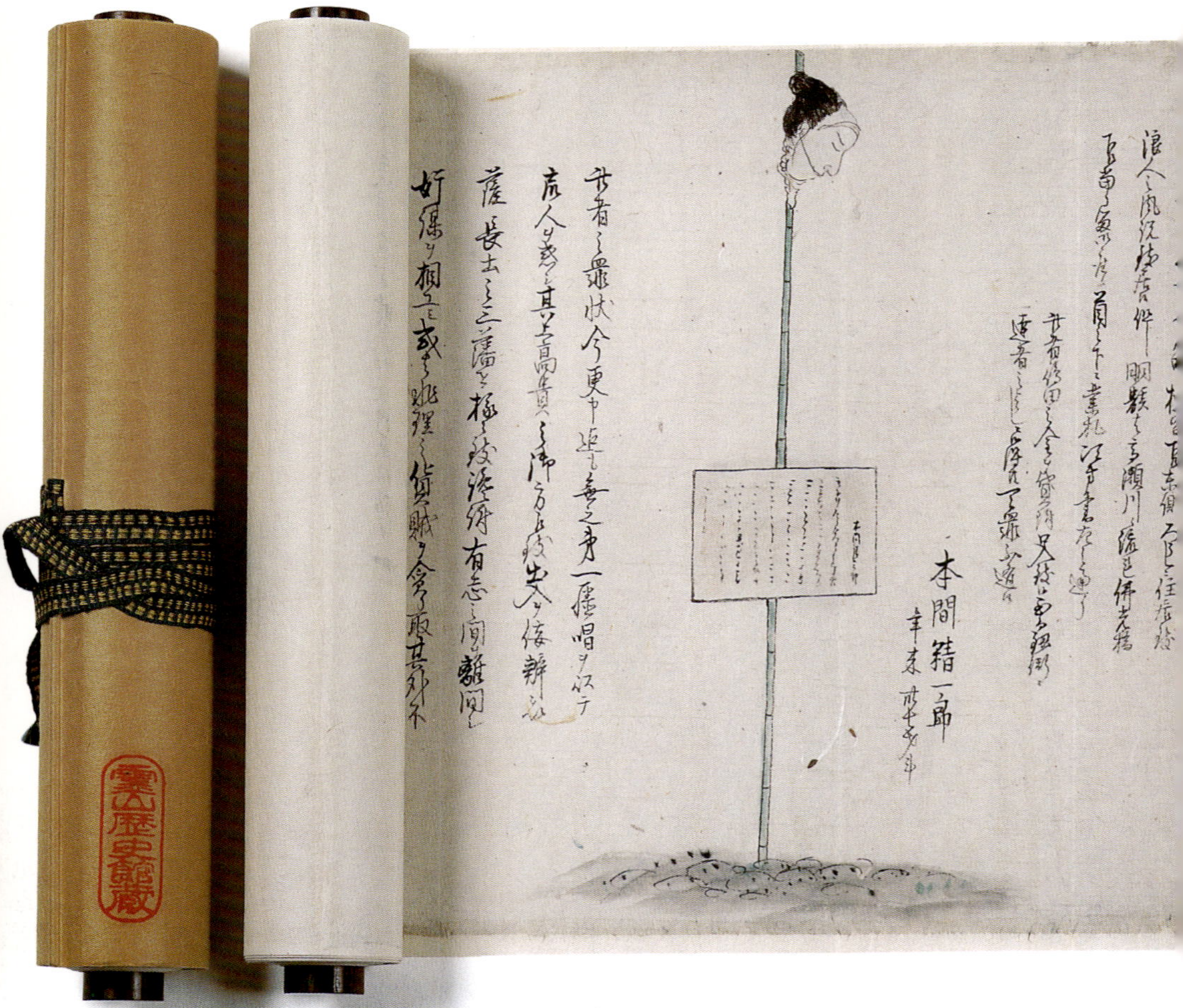
本間精一郎

天誅第一号—島田左近

はじまった恐怖

幕府から弾圧を受けた尊攘派の志士たちは、京の町で天誅《てんちゅう》と称するテロ行為を文久頃から維新にかけて頻繁におこなった。

特に幕府と与《くみ》した要人、政商、僧侶、女性らが、つぎつぎと暗殺され、生晒しにされ、三条から四条河原に梟首《きょうしゅ》、斬奸《ざんかん》状が添えてあった。この捨文はなかなかの名文で久留米の松浦八郎がほとんどつくった。

幕末京都における天誅第一号が島田左近であった。条約勅許奏請に反対する関白九条尚忠を説き伏せ、親幕に転向させたばかりか腹心となり、彦根藩士長野主膳と策謀して紀州の徳川慶福《よしとみ》(のち家茂)を将軍継嗣に擁立するために奔走、また安政の大獄では攘夷派志士たちの不穏な行動を幕府に密告した。

皇女和宮降嫁に尽力する一方、島田は今太閤と呼ばれるほど蓄財をなし、志士たちからは「九条家の悪謀の士」とうわさされ、ついに文久二年(一八六二)七月二十日の夜半、京都木屋町二条下ル山本ゆう宅で、なじみの君香という女と夕餉《ゆうげ》をとっていたところを踏み込まれ斬殺された。

斬奸状に「此島田左近兵衛大尉事、大逆賊長野主膳へ同腹いたし奸曲を相巧み、天地に容《い》るべかざるの大奸賊なり。これによって天誅を加え梟首せしむものなり」が貼られてあった。

刺客は薩摩藩士田中新兵衛、鵜木孫兵衛、志々目献吉の三人。島田の胴体は翌朝高瀬川口に、首は二十三日、四条河原の先斗《ぽんと》町川岸に東向きに梟首されていた。

島田の配下に目明し文吉がいた。京都洛北深泥《みどろ》村の百姓の倅、若い頃は博徒となり、のち目明しに取り立てられた。

村山タカ女生晒しの図

養女君香を舞妓に出し、島田の妾にしている。また、島田の出資金をもとに高利貸しを営み、高利で婦女子に貸しつけ、返済のできない女は、自ら経営する二条新地の妓楼で女郎にして酷使した。安政の大獄では島田の手足となって、尊攘派志士の行動を幕吏に密告、多くの志士が捕縛、処刑された。志士から「猿《ましら》の文吉」と呼ばれた。文久二年閏八月晦日、三条河原の晒屋の杭に、真っ裸にされて縛りつけられていた。

晒された文吉の姿を一目見ようと三条橋の上は黒山の人。絞殺された折、勃起した陰部に扇の竹骨がさされ朝方までうす目をあけて動いていたという残忍さ、人びとは「文吉に金をかりた女は一切返済不要」と口走っていた。

刺客は土佐の岡田以蔵、阿部多司馬、清岡治之助の三人だった。

天誅の中でも女の生晒しは前代未聞であった。そこへ元祇園の名妓となればなおさらのことである。名は村山可寿江、通称をタカといった。容色に加え才女、舞、音曲を好み文筆にもすぐれ祇園の芸妓に出たが、またたくまに金閣寺住職に落籍され一子帯刀《たてわき》を生む。同寺代官多田源左衛門へ嫁ぐがながつづきせず離縁、彦根に帰郷し藩主井伊直弼の寵愛を受け、また長野主膳の手足となり親子で安政の大獄には志士の動静を探索、捕えられた志士は数十名にのぼったという。

文久二年(一八六二)十一月十四日、可寿江は島原遊廓近くの隠家に潜んでいるところを捕えられたが、志士から「女を斬ると刀が汚れる」と生晒しにされた。倅の多田帯刀は斬られた。

生晒しにされている哀れな可寿江を、一人の尼僧が助け彦根の清涼寺で剃髪させた。その後、可寿江は一乗寺の金福寺で尼僧として余生を送った。

天誅とは天にかわって天罰することで、町衆の味方でなければならなかった。

深尾式部の天誅はその代表であった。式部は文化九年(一八一二)に生まれ、初め近江屋五兵衛と称し、京都二条通り河原町で古着商を営んだ。のち知恩院宮家の青侍席に抱えられ、宮家家士となって財務を担当、手元金をめぐり貸付けの取立てを厳しくおこない、その際に志士らの反感を買った。

文久二年十二月十七日夜、柳馬場夷川下ルの自宅で書見中に捕えられ斬首された。

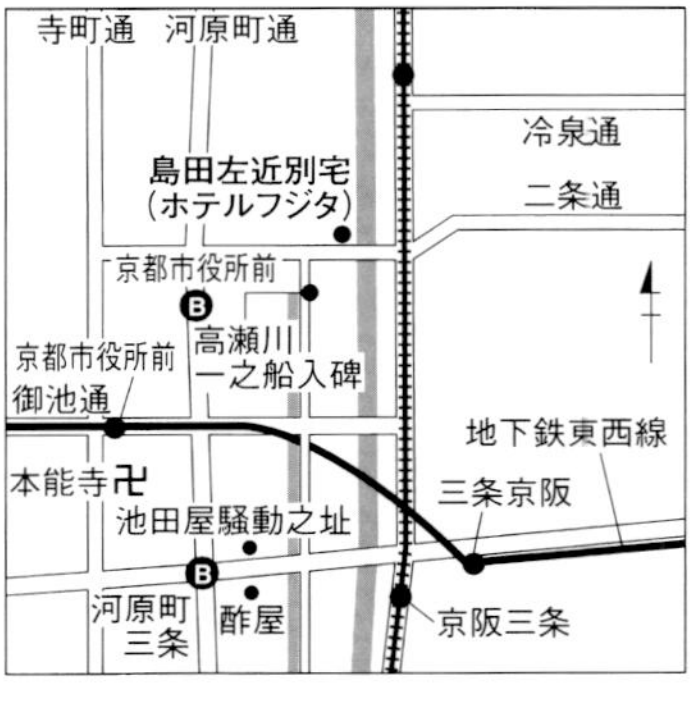

木屋町二条周辺

京阪三条駅下車、徒歩8分。市バス205系統などで京都市役所前下車、徒歩3分。
地下鉄東西線京都市役所前下車、徒歩4分。

左京区の黒谷金戒光明寺。京都守護職に任命された松平容保率いる千名の兵が上洛した際の宿舎となった。

京都守護職

写真右／京都守護職屋敷址。
京都府庁内にある。
写真左／京都府庁旧本館。
ネオ・ルネサンス様式で、
明治37年の建設。

家訓を守った容保《かたもり》

京の治安はすこぶる悪く、徳川幕府の威信にかかわると、将軍家茂《いえもち》は京都守護職を設置することを決定した。

もともと京都守護職は、緊急の際に井伊家がこの任にあたることになっていたが、桜田門外の変で失態、そこへ薩摩の島津久光がこの職に就《つ》こうとした。これに幕府は猛反対、理由は外《と》様《ざま》ごときに取られたくないメンツがあり、ここは親藩《しんぱん》から選ぶべきとの声が大勢をしめたからである。

文久二年（一八六二）七月、突然、江戸城和田倉門内の会津藩邸に使者がおとずれ、至急登城せよとの台命《たいめい》が伝えられた。台命とは将軍の命で重要なことであったが、あいにく藩主松平容保は病床にあり、家老の横山主税が代りに登城すると、「容保を京都守護職に命ず」との旨が達せられた。

会津藩は二十三万石の小藩であり、京に千名の兵士を常駐させるなど財政難をかかえる藩内では困難を極め、家老たちが辞退を容保に申し入れた。

京都守護職は、将軍警固のみならず、京の治安維持ならびに畿内における緊急発動の権限を有する、軍隊と警察の両面をもつ軍司令官のような職で、将軍直属であった。

容保の人望を高く評価したのは政事総裁職にあった越前藩主松平春嶽で、賢侯としてその名声はとどろいていた。春嶽は容

〝浪士狩り〟に奔走する松平容保

保に一書を送る。

——徳川氏の信不信の相立ち、公武合体の有無は貴兄の受の断、不断にあり、小生泣いて申し上げ候——

と、この一言に心はゆらぎ就任を決意したという。

会津藩の家訓《かくん》には、

「将軍に忠勤を第一につくせ、これに異心ある者は、わが子孫にあらず、家臣一同こういう者には賛同してはならない」とあり、容保は春嶽の書状にこの家訓を思いおこしたのだろう。時に文久二年(一八六二)八月一日であった。

十一月九日、江戸を出発した容保は千名の率兵上京で隊列は約三キロにもおよんだ。同月二十四日午前九時、三条大橋に到着、まず寺町今出川下るの本禅寺で旅装を解き、麻上下の正装に整へ、その足で関白近衛邸へ訪れ、皇《みかど》のご機嫌伺いをたて、宿舎の黒谷金戒光明寺《くろだにこんかいこうみょうじ》に入った。この宿舎も手狭となり翌三年千本通り下立売角、北辺に会津藩屋敷が建てられ、引続いて京都守護職屋敷が北は下長者町通り、南は下立売通り、東は新町通り、西は西洞院通りの南北一八〇メートル、東西一二五メートルの広大な土地に建てられた。

京の町は志士による天誅が横行、容保はまずこれらの不逞浪士の〝浪士狩り〟に奔走するのである。

本間精一郎の暗殺

噂も尾ひれぐらいだったらよいが、腹がつき頭がついて泳ぎだしたら始末が悪い。

本間精一郎はその犠牲になった。精一郎は天保五年(一八三四)越後国士本間辻右衛門の子として同国三島郡寺泊《てらどまり》に生まれ、諱《いみな》は正高、雅号を不自欺斎と称した。のち江戸に遊学、昌平黌《しょうへいこう》(江戸幕府直轄の学校)に入り、また安積艮斎《あさかごんさい》の塾にも入門している。勘定奉行川路聖謨《かわじとしあきら》の信任をえて中小姓となり、安政五年(一八五八)条約勅許奏請のため川路に随行し入洛した。弁舌あざやかな本間は、田中河内介、頼三樹三郎、吉村寅太郎、有馬新七、真木和泉守ら尊攘派志士と親交をもつ一方、幕政を非難したため伏見で捕えられた。釈放後は私塾を開き尊攘運動に奔走する。

精一郎にとって不運な風説が市中に流れた。かつて精一郎が薩摩藩へ七百両の借財を申し入れたが、浪人にはふさわしくない大金と一蹴され、癪《しゃく》にさわった精一郎は堂上公家たちに薩長の悪口をいいふらしているというものだった。それに加え豪奢な装いと生活から、危険人物とみなされた。また、一説に薩摩の藤井良節が土佐の武市瑞山《たけちずいざん》に精一郎の暗殺を依頼したとも伝えられている。

土佐藩士五十嵐敬之の「談話筆記」には、――最初が本間精一郎ノ暗殺デ、コレハ閏八月廿日ノ晩ノコトデ、岡田以蔵ト田中新兵衛等ガヤッタノデアリマス。以蔵ガ坂本龍馬ガ佩刀肥前ノ忠広ヲ借ッテ差シテ居ッタガ、コノ時、門ノ扉ニ切リ付ケテ鋩子《ぼうし》ガ折レタト云フコトヲ聞キマシタ――と綴っている。

刺客には、薩摩の田中新兵衛、土佐の岡田以蔵、平井収二郎、島村衛吉、松山深蔵、小畑孫三郎、広瀬健太、田辺豪次郎らが加わっていた。

文久二年(一八六二)閏八月二十日大雨の夜、先斗《ぽんと》町で精一郎は斬殺され、翌朝首は四条河原に晒された。

幽棲した岩倉具視

岩倉具視《いわくらともみ》は維新第一の功臣といっても過言ではない。文政八年(一八二五)九月十五日、前権中納言堀河康親《やすちか》の次男として生まれ、周丸と称した。幼いときから洛北岩倉村花園の百姓久兵衛へあずけられた。

意志の強さは大人も舌を巻くほど、この性格が岩倉具慶《ともよし》に気に入られ養子となった。岩倉家は公卿中でも下級のため朝廷内でも発言力がきわめて弱く、五摂家の鷹司政通の後ろだてを受け、権力を伸ばしていった。

和宮降嫁では、朝廷や尊攘派志士の意見を押しきって断行したため反感をかい、文久二年(一八六二)八月二十日、辞官落飾して洛外追放の厳しい処分を受け、そればかりか志士から命まで狙われる身となった。

かつて幼少の頃すごした岩倉村に身をかくし、比叡山と対峙したことから雅号を対岳《たいがく》と称した。岩倉の地へ幽棲するまでに各所を転々とし、九月十三日には聖護院の永陽庵にかくれ、翌十四日には洛北霊源寺に入り僧形となって友山《ゆうざん》と号し、その夜ひそかに松尾の西芳寺内の湘南亭の茶室にかくれたが、ここも人の出入りがあり、岩倉の実相院坊官林道賢の家に潜んだ。のち藤屋藤五郎の古屋を買い求めたのが、現在の旧宅で国の史跡指定になっている。

具視は身のまわりの世話をさせるため、十四歳の西川与三という少年を雇い入れた。また、具視の長男具定をこの村の農夫三四郎宅へ里子に出したこともあって、三四郎の妻菊、娘イツから家族同然の扱いを受けた。彼女らは共に、しばしば密使役も務めてくれた。

当時、実相院は無住だったが坊官芝坊澄昇や入谷駿河守昌長らが具視を匿《かく》まった。

具視の正室誠子《みちこ》は、ひどいうつ病に加え幼い頃からの病弱で一日中のほとんどが部屋の柱によりかかっている有様だったので、側室の槇子《まきこ》が幽棲中の支えとなっていた。

時務を論じた「叢裡鳴虫《そうりめいちゅう》」などを著わすことができたのは、

木屋町四条上ル東側。写真の左下に控えめに立っている
石碑には、「本間精一郎遭難之地」と彫られている。
石碑の多くは目立ちにくい場所にあるが、注意して
歩けば、京都の町のいたるところにあり、驚かされる。

岩倉具視旧宅。左京区岩倉の地に、よく旧態をとどめて
保存されている。具視は、ここに幽棲した。

槇子はじめ村民たちの周旋があったからこそで、慶応三年（一八六七）に復飾し王政復古にこぎつけられた。

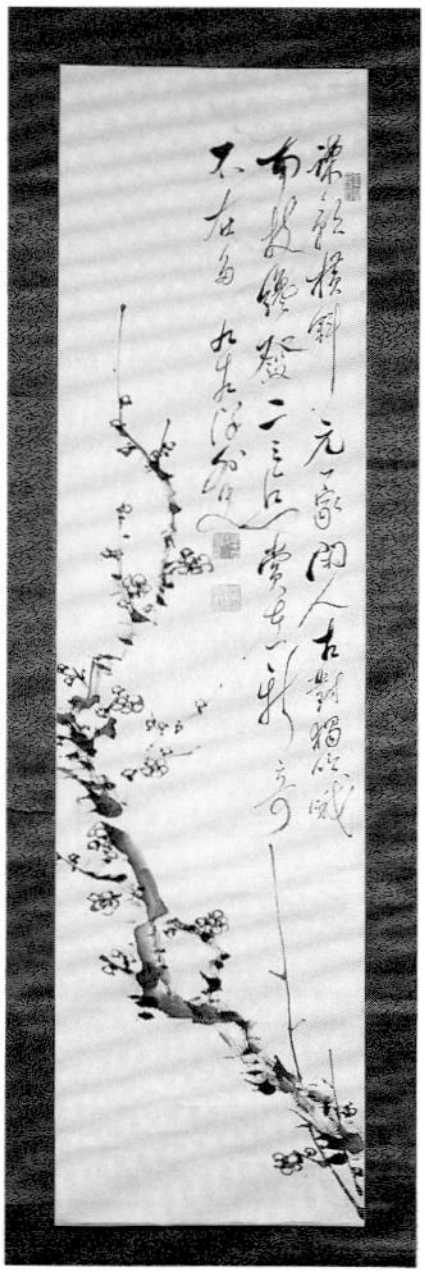

山内容堂自画賛

横行する天誅

公武合体に奔走した者も、天誅の標的にされた。

公卿千種有文《ちぐさありふみ》の雑掌・賀川肇《はじめ》は、岩倉具視と通じ公武合体派として活躍した。尊攘派志士から大奸物の手先とみて憎まれ、つけ狙われ、文久三年（一八六三）正月二十八日夜、京都下立売通り千本東入ル町にある賀川の自邸に、姫路藩士萩原虎六、江坂元之助、伊丹源一郎、松下鉄馬、市川豊三らが乱入した。

初め応対に出た賀川の妻あいを捕え、肇のことを問いつめるが口を割らず、そこで刺客らは下女のお竹を責めたてたが、これもまた口を閉したまま、刺客の一人が賀川の一子、弁之丞を捕え「どうせ倅も賀川の血を引く者」と首をはねようとしたところへ、二重壁の間に身を潜めていた賀川が現われ、あきらめたらしく首をたれたところを、刺客に斬られた。首と両腕が持ち去られ、首は葬儀に使う四宝にのせ、東本願寺を宿泊所にしていた将軍後見職一橋慶喜に、左腕は岩倉具視にそれぞれ献上、両名を脅迫した。

また、千種の関係者のひとり南区唐橋村の大庄屋宗助なる人物が二月六日、天誅の血祭りにあげられ土佐藩京都屋敷の裏に晒された。土佐藩主山内容堂《やまうちようどう》は公武合体派で、正月に入洛し、智積院《ちしやくいん》を仮宿舎としていたが、二月六日当日、土佐屋敷に出向いていた。

天誅を加えたのは、人斬りの名人岡田以蔵だったが、容堂は傑物ときている、越前の松平春嶽への書状に「今朝、僕が門下へ首一つ献じられ有り候。酒の肴《さかな》にもならず、無益の殺生、憐むべし」と過激派を皮肉った。

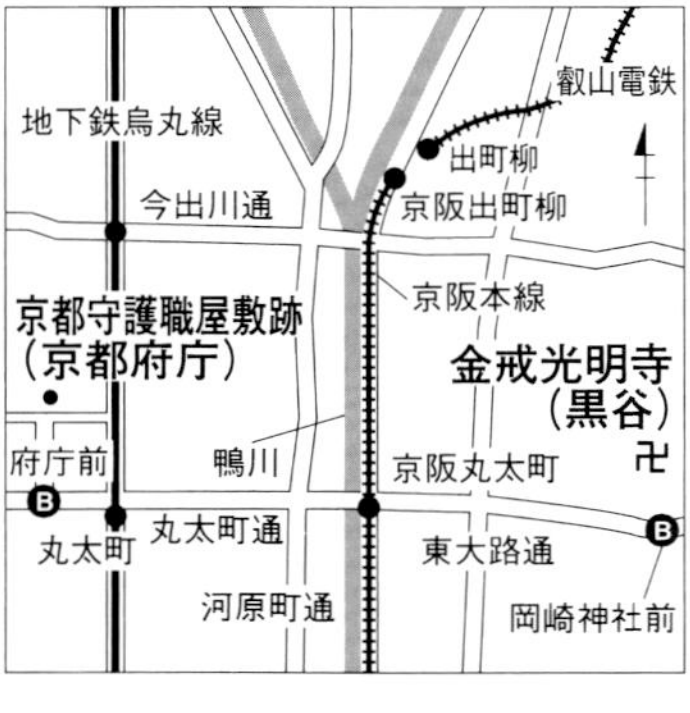

金戒光明寺

市バス93、203、204系統で岡崎神社前下車、徒歩8分。市バス5系統で東天王町下車、徒歩10分。

京都守護屋敷跡（京都府庁）

市バス10、202、204系統で、府庁前下車、徒歩3分。

翠紅館会議

都落ちした七卿

京都霊山《りょうぜん》護国神社参道の料亭京大和は、かつて尊攘派志士が攘夷親政、大和行幸《ぎょうこう》を画策し会議を開いたところである。それらの会議は、当時京大和が翠紅館《すいこうかん》といったことから「翠紅館会議」と呼ばれた。西本願寺大谷家の山荘でもあったが、門主二十世広如《こうにょ》は勤王僧として知られ、密会に場所を提供したのだろう。

文久三年(一八六三)六月十七日、翠紅館の茶室送陽亭《そうようてい》に当代一級の志士が参集した。

長州の桂小五郎(のちの木戸孝允)、久留米の神官・真木《まき》和泉《いずみ》守《のかみ》、土佐の平井収二郎、肥後の轟《とどろき》武兵衛《ぶへえ》ら、いわゆる「学習院党」と呼ばれる面々であった。御所の学習院は急進派公卿のたまり場で、そこへ出入りしていた志士たちを学習院党といったのである。

この日、主唱者は真木であり、上席に陣取って車座の志士らに、「長州がすでに外国艦に砲撃を加え、攘夷の魁たらんのに、将軍には攘夷の決行すらない。諸藩しかり、長州に追従しなければならないときに日和見ときめこんでいるのはもってのほかである。こうなれば、皇《みかど》の御親征を奏請《そうせい》し、一挙に攘夷討幕を決行しようではないか」と、語気を強め意見を求めた。

一同は真木に賛同。その実行を協議の末、まず大和行幸を奏請し、春日山へ行幸、ついで神武天皇陵を御拝、伊勢神宮に参拝して天下へ御親征の大号令を発し、鳳輦《ほうれん》を浪華《なにわ》に進め、大坂城で御駐輦して御親兵を募集、天下に号令をされる計画で、一同は一決した。学習院党はただちに急進派公卿に入説して、ついに八月十三日に大和行幸の発令を得た。が、しかし、穏健派公卿と大衝突、八月十八日の政変により、急進派公卿七名と長州勢は京より一掃された。

小雨のなか、三条実美ら七卿は東山妙法院から都落ちし、長州に向かった。

尊王から勤王へと過激に活動した討幕派は、この政変で挫折したのである。

足利将軍梟首事件

文久三年(一八六三)二月二十二日夜、等持院に安置の足利尊《たか》氏《うじ》、義詮《よしあきら》、義満《よしみつ》の木像に、十数名の尊攘派志士たちが天誅を加える珍事がおこった。足利幕府を徳川幕府になぞらえての事

▍翠紅館跡。東山区の高台寺桝屋町にある。

写真右／北区の等持院。当寺には足利歴代将軍の木像が安置されているが、そのうち三体（尊氏・義詮・義満）が梟首事件の被害にあった。

写真左／四条河原周辺。等持院から持ち去られた木像の首が晒された。

件だった。斬り取った木像の首は、それぞれの位牌とともに四条河原に晒されたのである。この珍事に同夜、京都守護職松平容保は犯人探索に奔走し、二十七日までに左記の十名を捕えた。

三輪田綱一郎（手負）、諸岡節斎（手負）、建部建一郎、宮和田勇太郎、高松平十郎（手負）、仙台太々雄（屠腹）、青柳健之助、長澤真事、大庭恭平、長尾郁三郎。

逃走した者は、中島永吉、岡元太郎、野呂久左衛門、石川一であった。犯人捕縛が、いとも簡単に進んだのは、松平容保が放った密偵の大庭恭平が加わっていたからという。

浪士募集ー近藤勇らがいよいよ上洛

文久三年（一八六三）三月中旬に将軍家茂が上洛される御沙汰があり、京の警備が重要な問題となった。そこで幕府は尽忠報国の有志を募《つの》ることにしたが、当初は五十人程を考えていた。ところが、石坂周造と池田徳太郎らは何千人でも募ろうという結論を出した。

新選組に関する史料が少ないなかで、幻の手記といわれていた、永倉新八の「浪士文久報国記事」が近年発見され、新選組史がより鮮明になった。

その手記によると、ちょうどこの頃、近藤勇は江戸市谷柳町で天然理心流《てんねんりしんりゅう》の剣術道場試衛館《しえいかん》を構え、日々門人らと稽古に励み、道場は盛況であった。また、門人らと国事について議論に及んだという。

このたび幕府において石川伝通院大信寮で浪士募集の大集会が開かれると聞き、試衛館門人の一同は大喜びで、直に近藤、沖田、永倉の三人が松平上総介のところへ行き、同志の参加を申し込んだところ承諾され、文久三年（一八六三）二月五日、参加者の名簿を伝通院大信寮へ一同で持参した。ところが松平が退任してしまっていた。

当初幕府は五十人の予定で募集をかけ、一人につき五十両の手当てで総額二千五百両の予算を組んだ。ところが二百五十人も集まってしまい、一万両を超える経費がかかることになり、これに責任を感じた松平は辞任、翌日付で後任に鵜殿鳩翁が就任した。一説には幕府は当初より一人につき十両しか予算がなかったという。いずれにせよ浪士募集は多難であった。

浪士組の人数は幹部七名、浪士二百四十名の計二百四十八名で、世間から三百人組と呼ばれていた。

清河八郎の策謀

鵜殿から隊士に道中での厳重な規則が申し渡された。隊士のなかに水戸の浪人芹沢鴨《せりざわかも》がおり、その一党には新見錦、野口健司、平間重助、平山五郎らがいた。この時、近藤は六番隊に入り、浪士組取締付の池田徳太郎の下役で道中の宿割を務めていたが、浪士組を陰で総括していたのは清河八郎であった。

清河は本名を斎藤元司といい、出羽国清川村の出身、江戸に遊学し昌平黌に入り、剣は北辰一刀流の千葉周作の門人だった。神田お玉ヶ池に私塾を開く一方、尊王攘夷を論じあう虎尾《こび》の会を主宰し、その同志には山岡鉄舟、石坂周造、村上俊五郎らがいた。彼らと浪士組を牛耳っていた。

二月二十三日、浪士組は入洛して旅宿を壬生村の前川荘司宅にとった。前川家は代々八木姓を名乗っていたが、幕末期に前川姓にかえている。前川家の本家が所司代に務めていたことがあり、その関係でここを選んだのだろう。

鵜殿は南部亀二郎宅、御目附・御取締・調役の三役は新徳寺本堂、清河も同寺に入り、八木源之丞の隠宅には芹沢、近藤らが入った。

到着するなり清河は、一同を新徳寺の本堂に参集させ、そこで「天皇の御心をもって全国から集まった尽忠報国の有志でありますから尊攘の御政道を邁進して頂く」と大演説、翌日、自ら建白書を起草し浪士組一同の血判連名を添え、御所の学習院に提出した。内容は勤王討幕論で清河が策謀したものであった。

幕府は浪士組に対し、江戸の防備を理由に東帰を命じたのである。だが、芹沢、近藤らの一派は京にとどまることを決意した。

中京区壬生の新徳寺。清河八郎が演説をした。

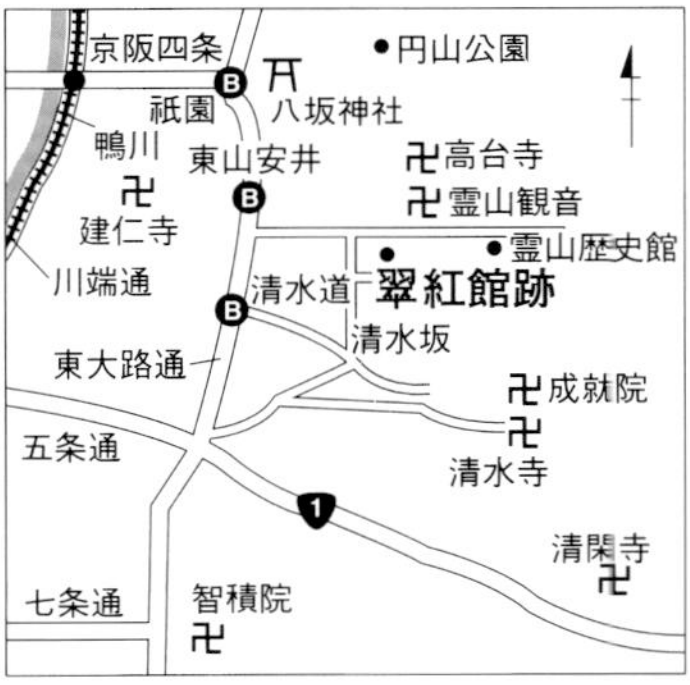

翠紅館跡

市バス202、206、207系統などで、東山安井下車、徒歩7分。

中京区坊城通り四条南入るにある八木邸。のちに新選組の屯所となった。
現在は和菓子屋の京都鶴屋になっている。壬生菜が入った「屯所餅」
が販売されている。

両加茂社行幸

東州勝月画／
京都上洛将軍二条城出門之図。
将軍の上洛は三代将軍
家光いらいはじめてだった。

衰えた将軍の威信

将軍家茂《いえもち》は文久三年（一八六三）三月四日、二条城に入った。将軍の上洛は三代将軍家光《いえみつ》いらい実に二百三十年ぶりだった。

参内した際の席順一つをみても、家光の時は、関白、左大臣、右大臣、内大臣だったが、家茂の時は、関白、左大臣、右大臣、家茂と末席しかあたえられず、このこと一つとっても将軍の権威がいかに衰えていたかがうかがえる。

上洛は公武合体の目論見《もくろみ》があったものの、攘夷決行の尊攘派たちの画策によって攘夷祈願が強行され、三月十一日の下・上加茂社行幸となった。

この日はあいにくの雨模様、午前十時に御所を出発するころには、急に晴れあがり、まるで庭に打水をしたような趣のなかを、孝明天皇の輿の鳳輦《ほうれん》に続き、関白鷹司輔凞《たかつかさすけひろ》ら公卿八十八家、将軍後見職一橋慶喜ら諸大名二十一名の行幸《ぎょうこう》（天皇のご外出）は、約四キロにもおよんだ。

時代絵巻さながらである。『元治夢物語』には、

――その御行粧の優美なる実に皇国の御威徳有難くもあるかな。近国近在よりもきき伝へて、行幸を拝せんと貴賎の老若男女加茂川原に群参し、道路に伏して感拝落涙を催し、拍手を打って拝見せり――

とみえる。

家茂は下加茂社で、黄金二枚、白銀三十枚の幣帛《へいはく》を献じ、皇が攘夷祈願のあいだ、拝殿下へ敷かれた薄縁《うすべり》に平伏した。薄縁は折からの雨を含んでいたため衣冠束帯はずぶぬれで、その哀れな姿に幕臣は涙を流し耐えしのんだという。

中止された節刀授与

同月二十二日、家茂はいたたまれず、江戸へ戻りたいと願い出ると、朝廷からそれでは幕府の権威が保たれないと一喝されてしまった。それには深い訳があった。つづく石清水《いわしみず》八幡宮行幸の際、三条実美が天皇および関白に強請して〝攘夷の節刀〟を授ける企てがあったのである。それに加え、公卿の中山忠光が浪士らを扇動して、行幸の途次に家茂ならびに慶喜を要撃するという過激な噂も市中に流れた。

このため、四月四日の行幸は延期となってしまった。

そして四月十一日、孝明天皇は午前八時に禁裏御所を出発、途中稲荷大社御旅所で休まれ、城南宮でも休まれて目的地の石清水八幡宮豊蔵坊に到着された。この時、目的地の八幡宮の山頂から木津川を見渡され「わが国にも海のように広い川があっ

孝明天皇遺愛の御所人形

たのか」といって驚かれたという。無理もないことで、行幸は後水尾天皇の二条城行幸いらい実に二百三十七年ぶりの出来事であった。このこと一つをとっても攘夷祈願は多難な政局をのりきる重大な行為であった。

ところが供奉《ぐぶ》するはずの将軍家茂の姿がみあたらない、前日から急病で伏せていたのだ。後見職の慶喜は供奉したものの早朝から腹痛にともなう下痢で途路も休みながら、やっと八幡宮の下まで供奉してきたが、苦しみにたえかねて近くの寺院で衣冠を脱ぎ、打ち臥《ふ》す始末。節刀授与の計画は中止され、これに憤慨した尊攘派の志士は、家茂と慶喜が仮病を使って逃げだしたと非難した。

上賀茂神社

市バス特37、46、67系統などで上賀茂神社前下車すぐ。

下鴨神社

市バス1、4、205系統などで、下鴨神社前下車すぐ。

写真右／上賀茂神社の本殿前。

写真左／毎年土用丑の日に
御手洗祭が行われる下鴨神社
の御手洗池周辺。

中京区の壬生寺の境内にある近藤勇像。

肩で風きる壬生の狼

角屋の柱に食い込んだ刀痕

浪士組のなかで将軍家茂の帰京後、京に留まった芹沢、近藤らは、京都の守護に関して次のような役職をきめた。

局長　芹沢鴨、近藤勇
副長　新見錦、山南敬助　土方歳三
組頭　沖田総司　永倉新八　藤堂平助
　原田左之助　斎藤一　平山五郎
　野口健司　井上源三郎
勘定方　平間重助

この十四名の面々が残留し、壬生村郷士の前川荘司宅、八木源之丞の離れ座敷、南部亀二郎宅を宿舎とし、壬生浪士組と名乗った。ところが、町衆からは壬生浪《みぶろう》、または壬生の狼《おおかみ》と呼ばれ毛嫌いされ、新選組と名のるのはもっと後の八・一八の政変の時で、武家伝奏によって賜わったのである。よく新選組の「選」か「撰」かと論争になるが私的なものには選、公的な文書には撰を用いている。ところが公印に選を用いていることもあって、どちらとも言い難い。

まず、芹沢が近藤を伴って、黒谷の京都守護職松平容保《かたもり》をたずねた。芹沢は御三家の水戸の浪人であったが、御三家の名を巧みにつかい、〝お預かり〟という地位を容保からもらうことに成功した。公職にはそんな役はないのだが、たとえ容保の私的な役職でもなんでもよかった。ようするに京都守護職と関係をもちたかった。

お預かりは、単にアルバイトにすぎないが、これを名のることによって京坂の豪商から軍資金と称する政治献金を集めることもできる。一方、容保にすれば藩兵千名を常駐させることは困難であり、頭数を合せるのに使ったにすぎない。

新選組の任務は市中警固が主で、不呈浪士の取締りである。保身に精一杯の幕臣に比べ、日々の激務を満身創痍《そうい》でこなした。

隊服は忠臣蔵スタイルのダンダラ羽織に長刀を帯び肩で風きる。夜ともなれば島原の角屋《すみや》で豪遊、いつものように上席には芹沢が座り大宴会、娼妓、芸子、舞子の総揚げとなった。兼々《かねがね》、主人徳右衛門と芹沢は犬猿の仲で、この日も角屋の仲居がいないことに立腹した芹沢は、いきなり太鼓を表へほうり投げ、愛用の三百匁(約一キロ)もある鉄扇をもって、手あたりしだいに器をたたきこわし、三味線をもって床の間の掛軸を破り、置物まで破壊する有様、女どもは恐怖し逃げまどう。

芹沢は土方に向い、これで気分爽快といい、直に会所に行き角屋の七日間の営業停止を申しつけた。時に文久三年八月十四

近藤勇の鎖帷子《かたびら》

日の出来事だった。

どうも主人徳右衛門は金になる勤王派には、もてなしや気配りをしたのだが、新選組のような佐幕派は冷遇した結末だったらしい。

角屋の緞子《どんす》の間の入口柱、青貝の間の床柱、外の格子に深く食い込んだ刀痕に往時を偲ぶことができる。

芹沢一派の乱暴は、その後もつづき、とくに新見錦にいたっては芹沢の忠告も無視、一同で切腹させようと思っているところへ、木屋町の旅宿にいた水戸の浪人吉成常郎に乱暴を働き、もはや止めようなく切腹させられてしまった。

芹沢も市中で乱暴を働き、近藤に朝廷筋より召し捕るようにとの御沙汰があったが、何しろ芹沢は新選組を創設した者であり、幹部のひとりなので部屋に謹慎させることにした。

大坂の吉田屋でも芹沢は、以前から寵愛していた小寅が同衾《どうきん》しないと立腹、永倉の女のお鹿まで翌日呼びつけ二人の女の黒髪を切った。ついに土方、永倉らは相談し、芹沢一派の血の粛《しゅく》清《せい》にのりだし、九月十八日夜、八木邸の一室で、芹沢とその妾お梅を屏風をたおして突き刺し斬殺、平山は御倉伊勢武に寝首を斬られたが、その女、島原桔梗屋のお栄は便所に入っていて難をのがれた。別の部屋で寝ていた平間と輪違屋の糸里は物音に気づき闇夜に姿を消した。余談だが、お梅は西陣山名町の呉服屋菱屋太兵衛の妾であった。芹沢のところへ主人の命で借金

写真上／新選組の隊士が酒宴をくりひろげた、下京区は島原の角屋。

写真左／「久坂玄瑞密議の角屋」碑。

▌新選組の屯所となった中京区壬生の旧前川邸。

の返済を求めに出かけたところ、手籠《てごめ》にされてしまった。いらい芹沢とお梅はねんごろとなったというから男女の関係はわからない。屯所であった前川荘司の母の実家が菱屋であり太兵衛と従弟にあたるのである。

近藤は京都守護職に賊にやられたと報告、芹沢、平山の両名の葬式を神道の葬儀で行ない壬生寺に手厚く葬った。のち長州の仕業と噂を流し、長州の間者であった御倉を永倉に斬らせた。

隊内は近藤、土方の試衛館出身者で固められ、総長役の山南敬助ら幹部と意見対立を生んだ。山南は不満から脱走し大津まで逃げたところで親友の沖田に連れ戻され、尋問の末、本人の申し出により前川邸の一室で沖田の介錯によって切腹した。慶応元年（一八六五）二月二十三日のことだった。

彼は光縁寺に、同じ粛清にあった野口健司ら同志と共に葬られている。

同年三月十日、壬生屯所が手狭になったため、土方の考えで西本願寺に屯所を移転、伊東甲子太郎ら新入隊士五十二名を加え充実を計った。

西本願寺門主二十世の広如は勤王僧で、土方はいじわるく広如が本堂から出てくるのにあわせて砲術の練習をする。たまりかねて会津藩に苦情を訴えて上からの力で新選組を追い出そうとした。国のためと調練をやり参詣者もこなくなってしまった。

ついに広如は困り果て、慶応三年（一八六七）六月十五日、不動堂村に大名屋敷並みの新しい屯所を用意して西本願寺から出ていってもらった。

土方の悪知恵には舌を巻く。

西本願寺の太鼓楼（屯所跡）

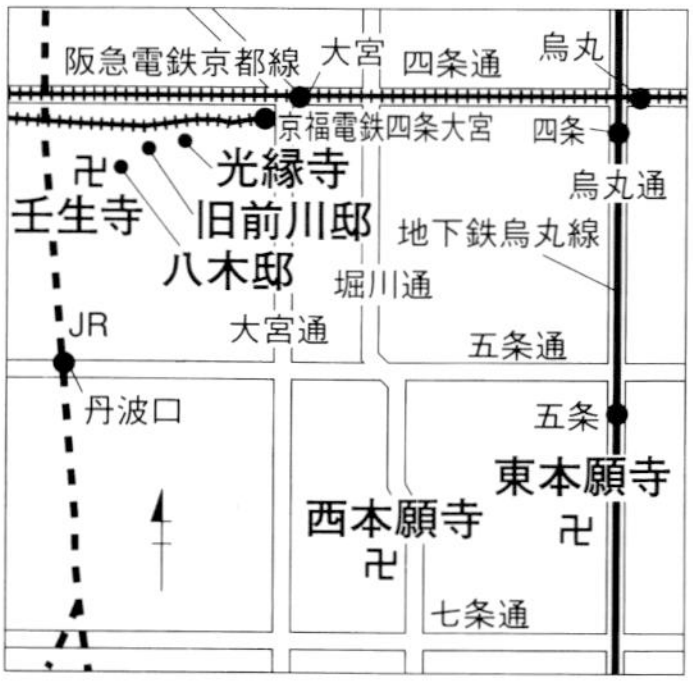

壬生寺

阪急電鉄大宮駅下車、徒歩10分。市バス11、26、27、28系統などで壬生寺道下車、徒歩６分。

▍中京区の壬生寺。芹沢鴨、平山五郎らが葬られている。

写真上／下京区綾小路通り大宮西入る北側の光縁寺。山南敬助ら新選組の隊士が葬られている（写真左）。

猿ヶ辻事件

京都御所の東北隅の猿ヶ辻。ここで死闘がくりひろげられた。

暗殺された姉小路公知

怪しい人影

禁裡御所には九門があり、各藩がその警備にあたっていた。土佐は清和院御門、肥後は寺町御門、長州は堺町御門、仙台は下立売御門、水戸は蛤御門、備前は今出川御門、薩摩は乾御門、因州は中立売御門、阿波は石薬師御門であった。

薩摩が乾御門の警備を一時外れる事件がおこった。

事件は文久三年(一八六三)五月二十日に御所猿ヶ辻で公武合体派で国事参政の姉小路《あねがこうじ》公知《きんとも》が暗殺されたことに端を発していた。

猿ヶ辻遠景

猿ヶ辻は御所の東北隅で鬼門にあたり、木彫の猿が飾りつけてある。

二十日の朝廷における会議は、伊勢神宮行幸についての議論で、三条、姉小路両卿の提案に賛同する者は少なく深夜におよんだ。両卿は評定もおえ、宜秋門《ぎしゅうもん》、通称公卿門と呼ばれたところから帰路につく。この門は廷臣のなかでも特に、宮家、摂政、関白といった高位の者で牛車の宣旨を受けた者だけが、御車寄に牛車に乗ったまま参殿を許されていた。

三条の牛車は建春門の南を東へと進み、御花畑を通りすぎたところで怪しい人影を二～三人見かけた。つね日頃、三条を佐幕派が狙っているという噂があり、万一のため縁戚にあたる土佐の山内容堂は、島村佐伝次、盛岡延太郎、大山彦太郎、小藤又兵衛、安芸盛衛、楠本文吾、平川半次、宮地義蔵、上杉鉄之助を身辺警護のために差向けていた。

姉小路に襲い掛かる刺客

結局、刺客はあまりの厳重な警護に手も足も出せずに退散してしまった。刺客に気づいた三条は姉小路のことを案じ、すぐさま丹羽出雲守らほか二名を走らせた。その頃、姉小路は中条右京と金輪勇の二名の従者を連れ、朔平門から猿ヶ辻まできたところで、刺客が中条めがけ手裏剣を投げ、左足の甲に突き刺さった。これを見るや暗やみの中から数名が姉小路の牛車に立ちふさがり、太刀を抜き放ち斬りかかった。その一刀は姉小路の肩先から咽喉にかけ袈裟懸《けさがけ》に斬り込まれたが、のけぞったために、二の太刀、三太刀を中啓をもって振りはらうことができ、従者の金輪に「太刀を持て!」と叫ぶが、金輪は気おくれして逃げ去ってどこにもおらず、今度は中条右京を呼ぶと、中条は負傷した足をひきずりながらも刺客と闘い、真向に一人を斬り伏し、残る者と数太刀しのぎをけずった。中条のあまりの強さにおどろき刺客らは逃げさってしまった。

姉小路も刺客の太刀を奪い取って呆然《ぼうぜん》としていて、右京の肩をかり屋敷までたどりついた。

三条の従者丹羽は血まみれの姉小路を見ておどろき、それでも気丈夫な姉小路は三条の無事を心から喜び、死しても国家安泰は祈りつづけると語ったという。

丹羽は三条にこの内容を告げ、三条は翌朝に姉小路を見舞った。駆けつけた医師は、大町周防守、杉山出雲守、安藤精軒、近藤一綱、吉田中亭、海野貞治らで、診断書には、「三ヵ所の手疵は、鼻の下長さ八センチ、頭蓋骨を割って斜に深さ十二センチばかり、二十八針縫い合わせたが二十二日午前二時頃に亡くなった」とある。朝廷は正三位と右近衛中将を贈った。

犯人は薩摩造りの手裏剣と奥和泉守忠重の銘の刀一振、長さ二尺三寸を残して逃げ去った。調べるうちに人斬りの異名をとる薩摩の田中雄平こと新兵衛の所用と判明した。

直ちに新兵衛を呼び出し、永井主水正《ながいもんどのしょう》が取り調べるうち、新兵衛はその刀を自らの咽喉に突き刺して死んでしまった。一説には新兵衛は数日前に木屋町の飲み屋で刀を盗まれ、武士としていい訳がたたず自害したともいう。

新兵衛のほか、仁礼《にれ》源之丞とその下僕の藤田太郎が捕えられたが、のち脱走している。新兵衛の墓は東福寺即宗院にある。

姉小路の従者金輪は和歌には才があったが剣は全然駄目で、市中に潜伏しているところを捕えられて六角の獄舎で斬首された。一方、負傷にもかかわらず主人を守って闘った右京には朝廷より銀五枚が下賜された。

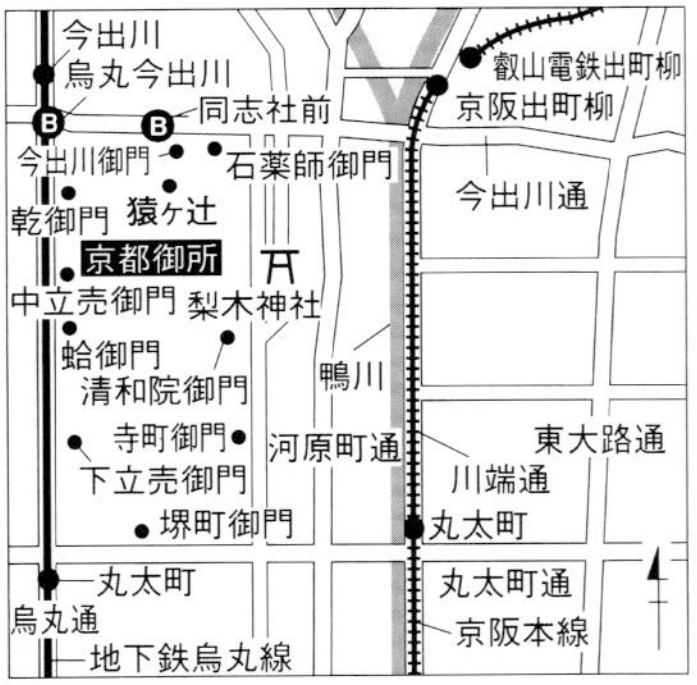

猿ヶ辻周辺

地下鉄烏丸線今出川駅下車、徒歩10分。市バス59、201、203系統などで同志社前下車、徒歩4分（京都御苑は、四季折々の自然がきれいで散策にはうってつけです）。

木屋町通り三条上ルの吉村寅太郎寓居之址。寅太郎は、同志と共に天誅組を結成した。

東山区茶屋町に現存する方広寺の大鐘。天誅組は方広寺で結成された。

殉死した義軍

武市《たけち》瑞山《ずいざん》、吉村寅太郎、坂本龍馬、中岡慎太郎を〝土佐四天王〟という。文久元年(一八六一)、盟友武市瑞山が土佐勤王党を結成するや吉村寅太郎も加盟し、諸藩に遊歴、尊攘を唱え久坂玄瑞、平野国臣らと親交を結んだ。

文久三年(一八六三)二月、寅太郎は入洛した際、木屋町三条上ルの路地の奥に寓居した。北隣りは有名な料亭丹虎で武市が寓居していたのである。丹虎の娘おくには木屋町小町と噂されるほどの美人で頭脳明敏な南国育ち、寅太郎の身の廻りの世話をするうちに思慕の情を寄せたという。

市中では尊攘の嵐が吹き荒れ、孝明天皇の両加茂社行幸が行われ、ついで八月十三日、攘夷親征の詔勅《しょうちょく》が発せられ大和行幸の議がきまった。寅太郎ら同志は、この好機をのがすまいと決起したのである。

寅太郎のもとに参集した者は、三十八名。同郷の那須信吾、上田宗児、池内蔵太、島浪間、伊吹周吉、土居佐之助、森下儀之助、森下幾馬、鍋島米之助、前田繁馬、安岡嘉助、安岡斧太郎、島村省吾、沢村幸吉。因幡の磯崎寛、石川一。島原の尾崎濤五郎、保母健。三河刈谷の松本謙三郎、宍戸弥四郎、伊藤三弥。久留米の鶴田陶司、酒井伝次郎、半田紋吾、中垣謙太郎、荒巻半三郎、中倉才次、山口松蔵、江頭種八、小川佐吉。筑前の吉田重蔵。肥前の竹下熊雄。舘林の渋谷伊与作。河内の長野一郎、田中楠之助の面々。以上の者たちが一丸となり大仏で有名だった洛東方広寺に前侍従の中山忠光を盟主として翌八月十四日、天誅組は結成され、寅太郎、藤本鉄石、松本謙三郎が総裁となった。

寅太郎は国元の母宛の書状で、

「人に後れ候ては家を捨て国を去り。候中訳御座無くと存じ奉り、此度天朝の御為、中山公を大将として、義兵を揚げ候間、追々御承悦仰せ付けらる可く、何卒人を御恨み遊ばされ間敷く、御

方広寺の大仏殿石垣。大仏殿と大仏は、火災で失われた。

機嫌能く千年も万年も御長寿の程、只々祈り上げ申し候」と最期の不幸を綴った。

天誅組の目的は、「大和行幸は御親征に変わっていくだろう、その大和に旗上げすることに意味があり、天下国家がここに注目する。好機をのがすまい」というものであった。三十八名からなる天誅組は伏見から船で淀川を下り、八月十五日朝、土佐堀に上陸し腹ごしらえをして二隻の船に乗り込んだ。

寅太郎は志を「舟至由来港」の詩に託し吟じる。

こうべを回らせば蒼茫《そうぼう》たり浪速《なにわ》の城
蓬窓《ほうそう》また聴《き》く杜鵑《とけん》の声
丹心一片人知るや否や
家郷を夢みず帝京を夢む

船は夜半に堺港に入り、菊華の提灯を携えて上陸、翌十六日早朝、河内国狭山《さやま》に入る。一路、五条に向い、かつて楠正成《くすのきまさしげ》が数万の北朝軍をむかえ孤軍奮闘した千早城跡を垣間見る。南北朝の古《いにし》えを偲び行軍、五条に入った。

十八日深夜、作戦どおり五条代官所を襲い代官鈴木源内を血祭りにあげ、桜井寺を本陣とした。ところが京では三条実美ら急進派公卿と長州勢が一掃された八・一八の政変がおこり、念願の大和行幸も中止となった。十九日この一報は京から早馬で古東領左衛門によってもたらされ、形成は逆転した。

一方、三条は平野国臣を使い天誅組の義挙を阻止しようとしたが、時すでに遅く、勤王志の厚い十津川で郷士を募り、天の川辻に伏陣した。二十五、六日の両日にわたり高取城へ総攻撃をかけたが利あらず敗れ、寅太郎は銃弾により負傷、二十七日鷲家谷で戦死、行年二十七歳だった。

天誅組の義挙に対し、八月二十日付で朝廷から討伐の命が下った。京都守護職松平容保は各藩への通達で「一揆蜂起之趣き追々天聞に達し、厳しく追討致すべきむね、野宮宰相中将をもって仰せ出だされ候事」と「農民の一揆扱い」することを知らせた。なんともあわれな末路であった。

鎮圧兵は紀州藩の千八百名、藤堂藩三千名に加え郡山藩、彦根藩の総勢三万二千名で、天誅組約二百余名を取り囲み、義軍はいつしか朝敵の汚名をきせられ殉死した。

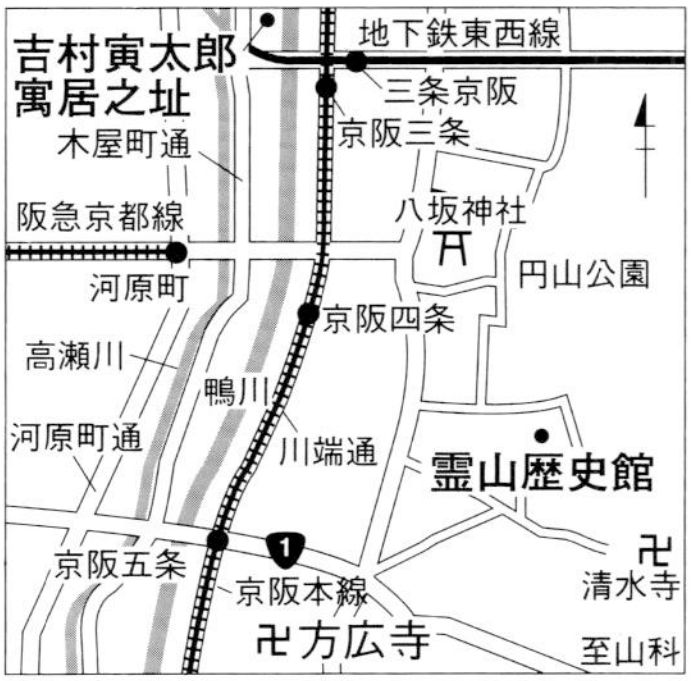

吉村寅太郎寓居の址

京阪三条駅下車、徒歩5分。市バス10、37、59系統などで河原町三条下車すぐ。

方広寺

市バス206、208系統などで博物館三十三間堂前下車、徒歩10分。

八・一八の政変

▌洛東の妙法院。三条実美《さねとみ》ら急進派公卿や長州藩士らが屯集した。

▍三条実美と、父の実万《さねつむ》が祀られている梨木神社。

朝廷から追放された尊攘急進派勢力

七卿は長州へ

洛東の妙法院に公卿やら長州藩士らがゾクゾクと集まりだした。同寺は天台宗の寺で南叡山といい、文久三年(一八六三)の八月十八日は例年この時期におこなわれる虫干し日であった。

夕方には、宮門を追われた長州勢二千五百名と急進派公卿十一名(三条実美、三条西季知、豊岡随資、滋野井実在、東園基敬、東久世通禧、壬生基修、四条隆謌、錦小路頼徳、烏丸光徳、沢宣嘉)のうち、三条、三条西、東久世、壬生、四条、錦小路、沢の七卿が屯集した。

七卿は雨中、長州勢と共に長州へ西下する。世に言う「七卿都落ち」である。京にとどまった豊岡、滋野井、東園、烏丸の四卿は、いかなる重科にも服すると帰邸した。

ことの発端は、八月十三日、天皇の大和、伊勢行幸が発表され、表向は攘夷祈願、攘夷親征がその名目であったが、尊攘派が密かに計画していたのは、行幸中に御所など京の町に火を放ち、還幸を不能にして討幕親征の兵を挙げるというものであった。天誅組の大和挙兵はその先鋒であった。しかし孝明天皇は討幕をこころよしとせず、その密旨をうけた京都守護職松平容保は、長州と反目する薩摩藩と結び、八月十八日朝に公武合体派の会津、薩摩の藩兵で禁門を固め、長州勢を御所から締め出した。一触即発の危機をはらんでいたが、中川宮は詔勅を読みあげ、「議奏ならびに国事掛の輩、長州主張の暴論に従い、叡慮にあらせられざる事を御沙汰の由に申し候事少なからず……不忠の至りにつき」と三条らに禁足を命じ、長州の警衛の交代となった。

新選組の活躍

松平容保は、会津藩公用方の野村佐兵衛に命じ、芹沢鴨、近藤勇らに出動を要請、芹沢は隊士八十名を二列にならべ行進、仙洞御所周辺の警固についた。このとき芹沢、近藤は小具足に烏帽子《えぼし》のいでたち、隊士は会津藩の合印である黄色のたすき掛けの姿であった。芹沢らは壬生浪士組と名乗っていたが、会津藩士より働きがよいと評価を受け、野宮俊克、飛鳥井雅典の武家伝奏から「新選組」の隊名を頂いた。

孝明天皇も新選組の働きを大変お悦びになり、松平容保を通じ御手許金を下賜された。

一方、長州が攘夷親征を目前にして退去せねばならぬむなしさに久坂玄瑞は、

――世は刈鳶《かりがも》と乱れつつ、紅さす日もいとくらく、舞の小

河に霧たちて、隔の雲となりにけり――――
と歌った。

非常に興味津津な話が当時から噂された。西下する七卿のなかに稚児がひとり加わっていたが、これは実は三条西が密かに御所から祐宮《さちのみや》(のち明治天皇)をお連れし、会津、薩摩の追手をはばんだのだ、というのである。

三条は頭を総髪になでた蘭医風、小具足に野袴、黒羅紗の羽織に合羽をはおり、初めてはいたという草鞋《わらじ》の出立ち、椿本陣(茨木市)に入ったときには、白足袋は血で染まっていた。

祐宮は本陣の上間に座らされ、つねに長州兵の監視がつき、食事も三条西が毒味して別の食器に移し変える念の入れよう。下女たちには、高貴な方のご落胤《らくいん》と告げられていた。祐宮は当時十一歳で長旅には無理があると判断したのだろう。京へ戻すことになったが、その際、食器を土間に叩きつけてこわしたという。下女がひろい集めると、天皇が用いる菊華紋入りで、現在もその遺品が伝わっている。

ますます混乱する政局

尊攘派が一掃された翌元治元年(一八六四=文久四)正月十五日、将軍家茂は再度入洛し二条城に入った。幕府の翔鶴丸に乗船し、十二月二十七日品川沖を出航、正月八日大坂の天保山に入港し京へ入ったのである。

早速、参内して天顔を拝し、「国難に尽力せよ」の勅書を賜わった。

一方、有力大名は〝参予〟なる職制をつくった。正月十三日集ったのは、島津久光、一橋慶喜、山内容堂、伊達宗城、松平春嶽、松平容保の面々、まるで幕末サミットのようなもの。

争点は孝明天皇の望まれる横浜鎖港問題で、大揺れに揺れた。慶喜は開国派だったのを一転し、天皇を味方にしたいがために鎖港派になり、諸侯は幕府に牛耳られるのを懸念して開国派に転じた。ところが、慶喜は通商による経済不安定が生ずると一歩も譲らず、ついに久光、春嶽、宗城がつぎつぎと参予を辞任してしまった。

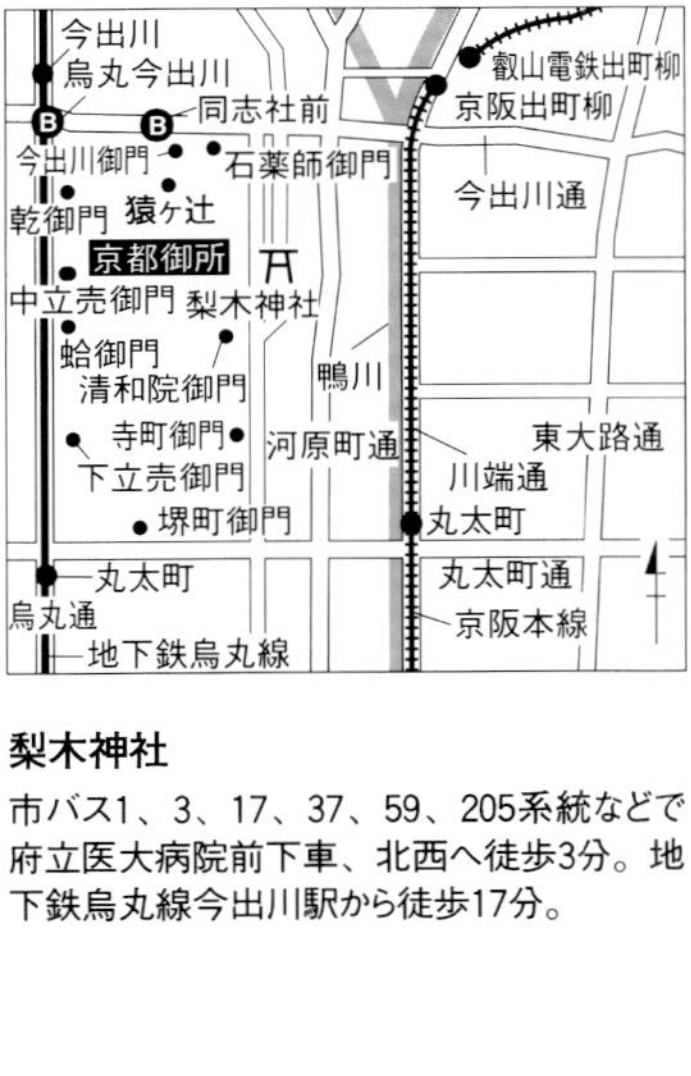

梨木神社

市バス1、3、17、37、59、205系統などで府立医大病院前下車、北西へ徒歩3分。地下鉄烏丸線今出川駅から徒歩17分。

三条木屋町周辺の池田屋跡。周囲は繁華街となっており、雑踏にまぎれている。ある意味で、非常に京都的な風景である。

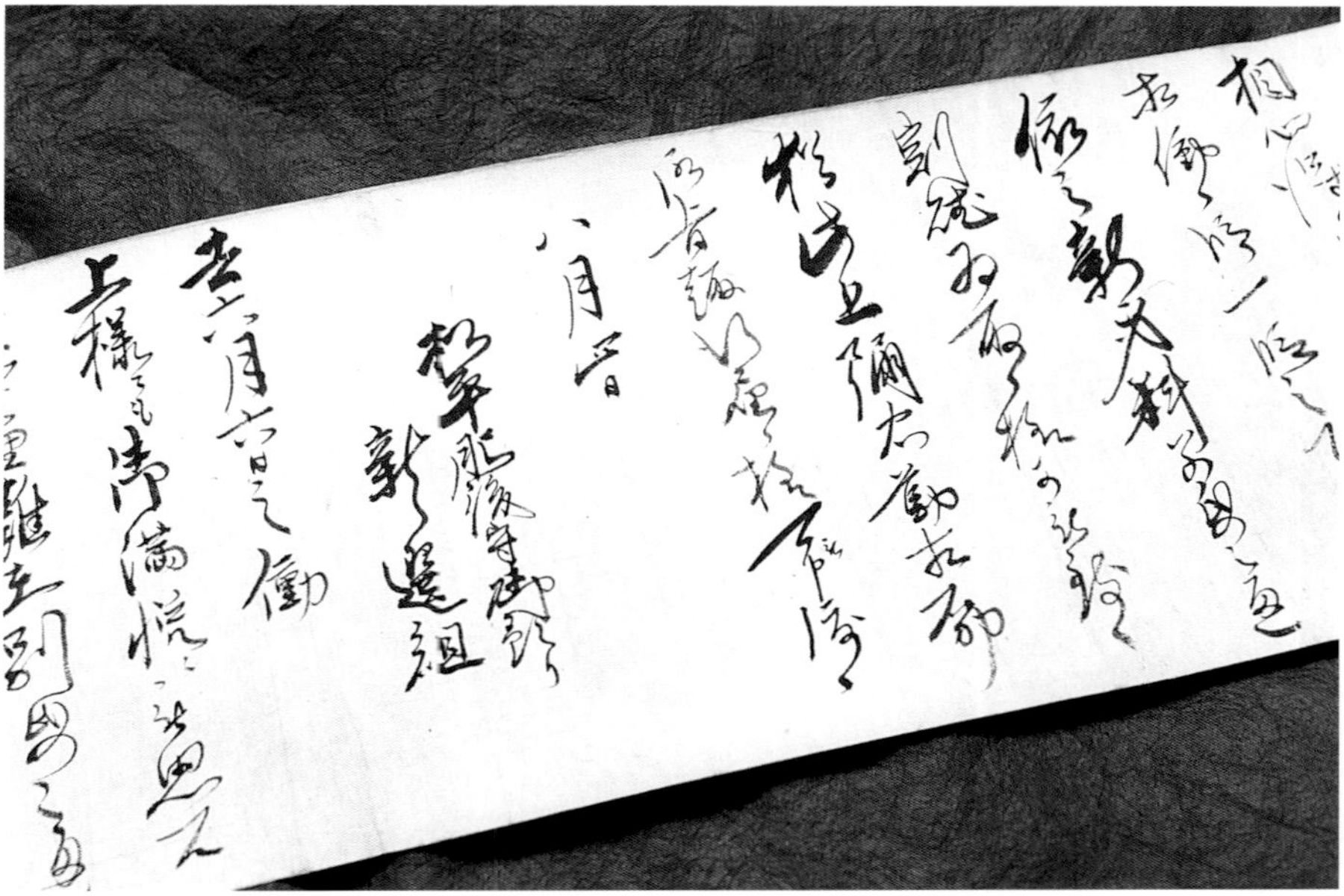

池田屋事件感状

今宵、旅宿御改めであるぞ！

元治元年(一八六四)六月五日、新選組の一団が疾風怒濤の如く池田屋で密会中の浪士を襲った。池田屋事件である。

この事件の発端は、四条小橋で馬具商を営んでいた古高俊太郎《ふるだかしゅんたろう》を捕えたところ、表向きは商人を装っていたが、裏では勤王志士と通じ武器調達係や密会の連絡役もやっていたのが判明したことである。古高は近江国古高村の出身で、近江屋俊五郎を名乗り、また桝屋こと湯浅喜右衛門の変名も使っていた。

一説には六月一日、肥後の宮部鼎蔵の下僕忠蔵を新選組が捕えたことから怪しまれて、古高を五日早暁に捕えたともいう。

ところがおもしろいことに古高の裏に、会津藩中間の侠客会津小鉄が住んでいた。このあたりからも、浪人風の出入りが多いことに目をつけられていたとも考えられる。

新選組は古高を屯所の前川邸に連行、土方が拷問をかけた。逆さ吊りにして足に五寸釘を打ち込みロウソクを立てて肌を焼くと、はじめは堪え忍んでいたが、ついには古高の口から志士たちの陰謀が露見した。烈風の日に御所に火をかけ、中川宮を幽閉し松平容保、弟で所司代の松平定敬の首を刎ねるという内容であった。新選組は三十四名の隊士を二手に分け、土方隊は多勢で鴨東《こうとう》を探索し、近藤は数名を引き連れ木屋町筋をしらみつぶしに御用改めしたところ、長州の定宿池田屋に志士が集まっているとの情報をえた。

近藤は沖田総司、永倉新八、藤堂平助の四名でのり込んだ。近藤は池田屋主人惣兵衛を呼び出し「今宵、旅宿《はたご》御改めであるぞ!」と言い放つと、あわてた主人は奥の二階へ逃げ込んでいった。素早く跡を追うと、そこには志士二十名ばかりが一斉に抜刀して身構えた。そこで近藤は「御用御改め、手向いいたすにおいては、容赦なく斬り捨てる」と大声で叫ぶ。勇猛な志士ひとりがやにわに斬りかかるのを、すかさず沖田の白刃が斬り下げた。奥は近藤が固め、台所から表口は永倉、庭先は藤堂が固めた。

そこへひとりの志士が表口から逃げだし、永倉はあとを追い、鑓《やり》の名手谷万太郎が一突きでしとめる。藤堂は垣根ぎわより長州の志士に斬られ、目に血が入って戦うが思うようにならず、刀はボロボロに刃こぼれする始末、近藤は人がいうほど実戦には強い方ではなかったのだろう。三度も斬られそうになり苦戦している様子に気づいた永倉が助太刀しようと思うが、奥の間に大勢の志士がいてそれもままならなかった。

長州の志士四人が刀を差し出して謝罪したところを縄をうって捕えた。何とか斬り結んでしのいでいるところへ土方隊が援軍をつれて突入した。もう一刻遅ければ、近藤らは討死にしていただろう。

池田屋周辺には、会津兵千名、彦根兵六百名、松山兵三百名、そのほか淀、桑名、与力、同心など合せて五千名が取り囲んだという風聞があった。

池田屋で討死した志士の遺体を下男を使い、近くの三縁寺に運ばせ手厚く埋葬した勤王ばあさんがいた。名は小川テイとい い、肥後藩出入りの魚屋魚卯だったが、主人卯兵衛が没したあと旅籠《はたご》小川亭を営み肥後藩御用達となった。宮部鼎蔵ら志士の面倒見がよく、志士らに小遣銭を与え洗濯までしたため〝勤王

四条木屋町の飲食街にある古高俊太郎寓居址

ばあさん〃と志士から呼ばれていたという。このため幕吏に捕えられ追及を受けている。

池田屋事件の前後一連の密会も含め、死亡者十四名、捕縛後の処刑・病死二十四名、うまく逃亡した者十一名だった。

この事件の幕府からの褒賞金は総計六百両で、現在額でざっと千八百万円。池田屋に出動した隊士に分配したが、出動しなかった者には何も下されなかった。密偵役の山崎烝には分配金がないため出動しなかったのだろう。

事件後、不逞浪士の探索は厳しくなり、六月十日夜、清水寺参道の二年坂の途中にあった料亭明保野亭で密会があるとの情報を得て、新選組の原田左之助は隊士十名を率い、また京都守護職から柴司《しばつかさ》、吉原四郎ら七名が加わって踏み込んだ。ところが土佐藩士麻田時太郎がひとりで飲んでいた。奥にもいるはずと柴が槍で麻田を一突きにし、背中に重傷を負わせた。

土佐の山内容堂は公武合体派、これはまずいと会津藩は手代《てしろ》木直右衛門《きすぐうえもん》に藩医の渋谷昌益を伴わせ見舞いに出向かせた。しかし重役不在と門前払い、その後もたびたび見舞に出向かせたものの事態は最悪となった。十二日朝、柴の兄秀治は責任を取れと弟司にせまり、ついに司は割腹自殺してしまった。割腹に際し司は、「私一人のことで、土州公と断交となってしまっては誠に恐縮の次第であり自分は切腹する」と風呂に入り、秀治が髪を結って衣服を改めてやり、兄の介錯《かいしゃく》で速やかに切腹、土佐公用方にも見届けさせた。

ところが、麻田も責任を感じ昨夜に自刃してしまっていた。両藩ともこれで怨恨はなくなったが、藩のメンツに二人は殉じた。

清水二年坂の明保野亭跡
（平成12年１月に撮影）

池田屋騒動之址周辺

京阪三条駅下車、徒歩4分。市バス、10、37、59などで河原町三条下車、徒歩2分。

写真上／現在左京区岩倉花園町にある三縁寺。昭和54年に京阪三条駅周辺から移転した。

写真左／三縁寺の墓所。池田屋事件で討死した志士が葬られている。

佐久間象山暗殺

▍三条小橋にある佐久間象山・大村益次郎遭難地への道標。

木屋町通りに散った絶代の高傑

頬を染めた鮮血

元治元年（一八六四）七月十一日の真昼に、信州松代藩士で西洋学者の佐久間象山《ぞうざん》が、尊攘派の河上彦斎《げんさい》と前田伊右衛門に斬られた。

河上とは肥後出身で幕末三人斬りの異名をもつ男で、天誅には必ず名がでてくるほどであった。

象山は長州の吉田松陰の密航事件に連座、永らく蟄居を命ぜられていた。朝廷や幕府は彼の博学を求め上洛を命じた。しかし、尊攘派志士が狙っているという噂があった。朝廷の武家伝奏・飛鳥井からも強い要望があってようやく上京を決意、その時に歌を残している。

―時にあはば散るもめでたし山桜
めづるは花のさかりのみかは―

元治元年三月二十九日入洛、四月三日には将軍家茂に謁見し、幕府の海軍御備向御用雇を命ぜられ四百石を給せられることとなった。彼は開国を唱える一方で公武合体論者と、いささか道理に合わぬところもあったが、中川宮、山階宮《やましな》、京都守護職松平容保、将軍御見職一橋慶喜らと親交をもち、薩摩、長州、土佐の大藩から招聘《しょうへい》の声がかかったが、松代藩が許可しなかった。本人も

木屋町通り御池下ル東側の、佐久間象山寓居之址

一藩にしばられることを嫌っていた。

象山は洋服洋鞍、白鳥王庭《おうてい》に乗り、都大路に出かけるのだから志士に狙われない方がおかしい。暗殺当日いつものように王庭に乗り、轡を下僕半平が取り、後ろに草履取りの仲間、坂口義次郎が従っていた。

木屋町の寓居近くで河上彦斎の居合斬りで落命した。彦斎の一刀目が象山の左脚を横になぎり、馬の轡が下僕の手から抜けるや、驚いた馬はいななき棒立となり落馬、二刀目は首筋に袈裟斬りで深手となり、鮮血が顔を染めた。彦斎の居合は我流、片手で大きく円を描きながら左足を力強く踏み込んで右足のヒザは地につくほど身を落とす。その体のしなやかさは見るものを戦慄させた。

象山の遺骸は夜八時まで放置されたままで、翌十二日早朝、三条大橋に生首が晒されていた。「松代藩佐久間修理（象山）この者、元来西洋学を唱え交易開港の説を主張し、あまつさへ奸賊《かんぞく》会津、彦根二藩に与《くみ》し、中川宮と事を謀り恐れ多くも九重御動座彦根城へ移し奉儀を企て、昨今しきりにその機会を窺《うかが》ひ候。大逆無道の天下容るべからざる国賊なれば、即ち今日、木屋町三条において天誅を加へ畢《おわ》んぬ。七月十一日夕　天下義勇士」との斬奸状が添えられていた。

彦斎はこの暗殺にふれ、「自分はこれまで人を斬ることを猶《なお》木偶《でく》人を斬るように少しも意に留めたことはなかった。が、象山を斬った時だけは、はじめて人を斬る思いがして、思わず総髪が逆立った。これは象山が絶代の高傑であったことと、それに自分の命脈がすでに弱くなってきたしるしのように思われてならぬ。もうこれから断然このような暗殺は、象山をもって最後にしたい」

と悔いたという。

象山の妻お順は勝海舟の妹だった。勝は初めて江戸の象山の私塾を訪れた際、書斎の扁額「海舟書屋」をもらい受け、名を海舟と名乗るようになった。

象山の一子恪二郎《かくじろう》は父の仇討ちをしようと新選組の客分となり三浦啓之助と変名、とくに土方歳三が面倒をよくみた。だが隊内ではケンカが絶えず慶応三年春ごろ脱走したというが、土方が密かに逃がしたともいう。

佐久間象山寓居之址

京阪三条駅下車、徒歩6分。市バス10、37、59系統などで河原町三条下車すぐ。

禁門の変錦絵

現在の蛤御門。

ドンドン焼けの図

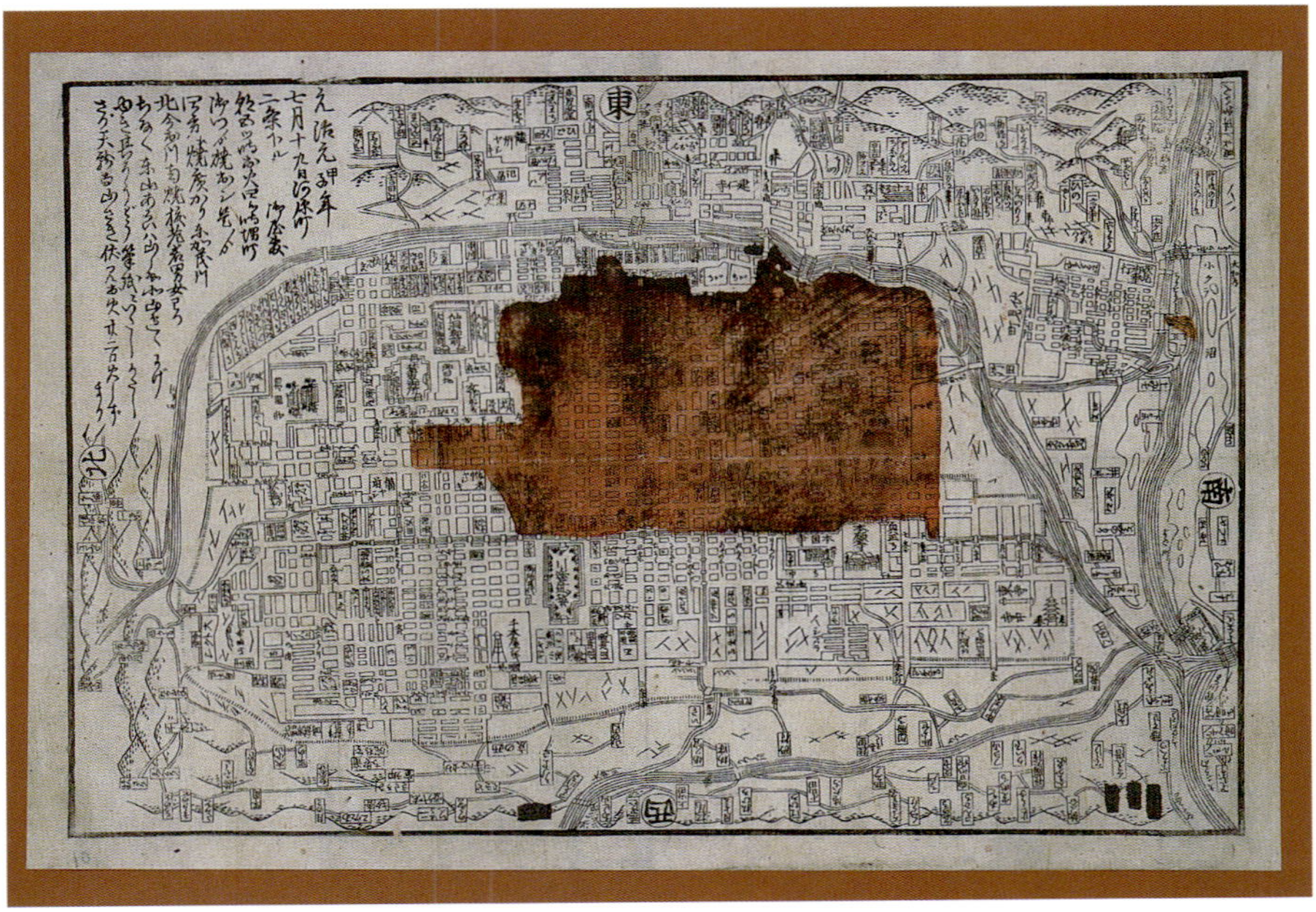

戦闘準備をすすめる長州

禁門の変は元治元年（一八六四）七月十九日に戦端がひらかれた。蛤御門《はまぐりごもん》の変ともいう。この門は烏丸通りに面し平生は閉ざされていて開かずの門、つまり禁門として知られていた。現在は東向きであるが、当時は北向きであった。天明八年の大火の際、めずらしく開かれたため焼けて口あくハマグリから蛤御門の名で親しまれていた。

八・一八の政変での三条ら七卿の復権と長州藩主毛利敬親《たかちか》父《ふ》子《し》の雪冤《せつえん》、それに加え攘夷実行を幕府に要求するための三千名の率兵上京だった。御所を守護する幕府側は会津、薩摩を主力に在京の桑名、彦根、越前などの諸藩兵八万名で固めている。

朝廷や幕府は率兵をもっての要求は強訴とみなし、幕府にすれば、たった三千で八万の兵に向ってくるとは思いもしなかった。禁裏御衛総督の一橋慶喜など、会津と長州の遺恨から発展したと日和見主義で、薩摩に平和的解決はないかと相談する始末。だが十八日、朝議は長州討伐で決定した。

その頃、長州側は戦闘準備を着々とすすめ、来島又兵衛、久坂玄瑞の遊撃隊総数千六百名を組織、うち五百名は清側義軍の浪士隊から成る西南諸藩の脱藩志士で編成、総管に久留米の神官真木和泉守と久坂が就任。この時、真木は濱忠太郎、久坂は松野三郎と変名している。それに援軍の家老国司信濃が率いる

京都市街が火の海に

嵯峨天龍寺

八百の兵士、さらに家老益田右衛門介が兵六百を率いて淀川から山崎に入る。

益田と真木は山崎宝寺に、家老の福原越後は洛南の伏見と藤の森、国司は嵯峨天龍寺に各々伏陣した。

京都守護職松平容保は、会津藩大将神保内蔵之助ら五百名と幕府見廻組三百名、新選組らに出動を命じた。容保は重病のため寝返りもうてない状態にもかかわらず参内し、慶喜が愛馬飛電で出陣するころには、すでに中立売御門で戦端は開かれていた。だが、長州勢には戦略、戦術の策なく各所で大敗、ただ国司隊の精兵が会津兵の待ちかまえる蛤御門へ猛攻をかけ激戦となった。会津兵の戦闘もまずく後ろの兵士がむやみやたらに発砲したため、前の味方兵士がバタバタと倒れた。これをみた薩摩の川路利良《かわじとしなが》率いる抜刀隊が斬り込み、そこへ薩摩は大砲四門を運び込み砲撃、雨霰《あめあられ》と飛び交う小銃の集中発射の前に来島は戦死する。

久坂と寺島忠三郎は血路を開き鷹司邸に乱入、そこへ会津の弾丸が飛来し、たちまち火の海となった。久坂と寺島は共に同邸内で切腹するが、その際、寺島が久坂の乱れ髪を手鏡とクシで直してやり、従容として果てた。

ちなみにこの戦いで長州は大敗、戦死者二百六十五名だった。幕府側は会津六十名、薩摩八名、桑名三名、彦根九名、越前十五名、淀二名の計九十七名。やはりこの戦いは長州対会津の私闘ともみえる。

そこで長州兵掃討のため、会津兵が中立売御門外の紅屋に放った火は、またたくまに市中に広がり三日間燃え続けた。この大火を「ドンドン焼け」とか「鉄砲焼け」という。

焼失被害は町数八百十一町、世帯数二万七千五百十三軒、公家屋敷十八、武家屋敷五十一、社寺二百五十三と市中の三分の二を焼失したのである。もっと悲惨だったのは、大火が風向きで西方に類焼したため、西の獄舎に投獄されていた政治犯の平野国臣ら三十七名が、つぎつぎと六角牢中で斬首されたことである。彼らは、のちに竹林寺に埋葬された。

敗走兵を追い、会津兵百名と近藤は四十名の隊士を率いて天王山に登った。急いで追ってきたため水と食糧を持参しなかったためドブの水を飲んで乾きをいやした。

真木和泉守は長州兵を下山させ、十七名と詩を吟じ発砲した後、切腹した。

久留米の真木はじめ池尻茂四郎・加藤常吉、筑後の松浦八郎、宇都宮の岸上弘安・広田精一、福岡の松田五六郎、肥後の西島亀太郎・加屋四郎・小坂小次郎・中津彦太郎・宮部春蔵・酒井庄之助、土佐の安藤真之助・千屋菊次郎・能勢達太郎・松山深蔵ら十七烈士で、山頂に墓碑が今も建つ。

長州より分捕った金三千両と米三千俵は、離宮八幡と山村の農民に下げ渡した。

敗走兵でも真木の後を追いきれず樫原《かたぎはら》村で薩摩を脱藩し宇都宮藩と行動を共にしていた相良頼元《さがらよりもと》、相良新八郎《しんぱちろう》の兄弟と、長州の楳本僊之助は同村の札の辻で小浜藩に斬られた。

同村の庄屋松尾喜兵衛らが高円寺に埋葬、のち樫原共同墓地に改葬された。三人の着ていた甲冑が三ノ宮神社御旅所前の家に脱ぎすててあったのを、おゆきという老婆が村役人に届け、その後、長州藩邸に届けられたという。また相良兄弟が薩摩藩紋を身につけていたので藩に身分を問うたが判明せず、当時は宇都宮兵として処理された。

翌慶応元年(一八六五)五月二十二日、将軍家茂が三度目の入洛をした。その際、家茂が逢坂山から入ってくるのを新選組は蹴上で出迎えた。入洛の目的は長州再征、ただちに参内し勅書を頂き、二十五日大坂城に入ったが、翌二年病没し二度と江戸の地を踏むことはなかった。行年二十一歳だった。

新選組が、家茂を出迎えた蹴上

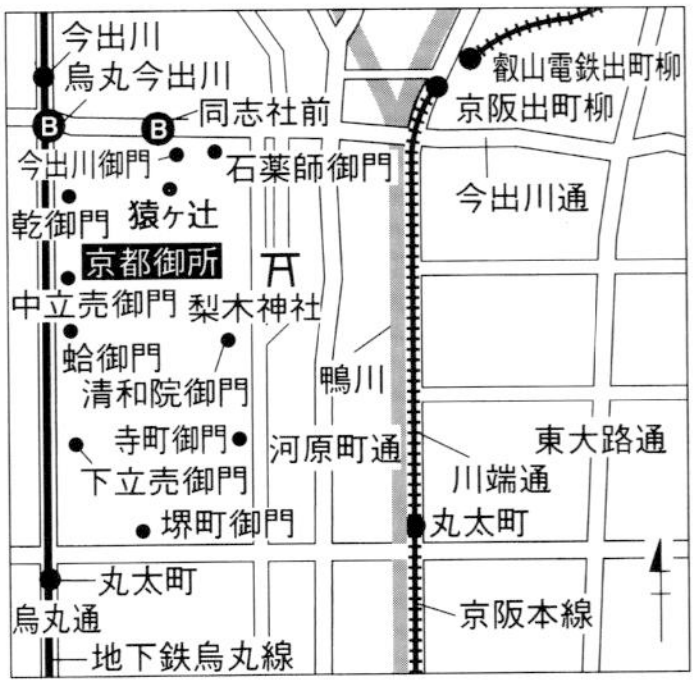

蛤御門
地下鉄烏丸線今出川駅もしくは丸太町駅下車、徒歩12分。

大山崎の天王山に鎮座する酒解《さかとけ》神社の鳥居。神社の参道には、禁門の変に敗れて天王山で自決した十七烈士の墓がある。

上京区の同志社大学西門にある薩摩藩邸跡。

坂本龍馬のねばり強い裏工作で実現

意表をついた薩長の協力

慶応二年(一八六六)正月二十二日、薩摩と長州が軍事同盟を結んだ。いわゆる薩長同盟であるが、両藩は永年にわたり犬猿の仲、誰しもが手を結ぶなど考えもしなかった。しかし、かりに薩長が軍事をおこせば弱体化した幕府などひとたまりもない。

この構想をもっていたのは筑前勤王党だったが、慶応元年におこった藩内の勤王弾圧により失敗、その後、龍馬の同志中岡慎太郎、土方久元らが受けつぎ実現を夢みたが遅々として進展せず、つねに奇策をめぐらす龍馬に相談、有言実行型の彼は東奔西走し、長州の木戸孝允、薩摩の西郷隆盛、しいては城代家老小松帯刀《たてわき》までかつぎだした。

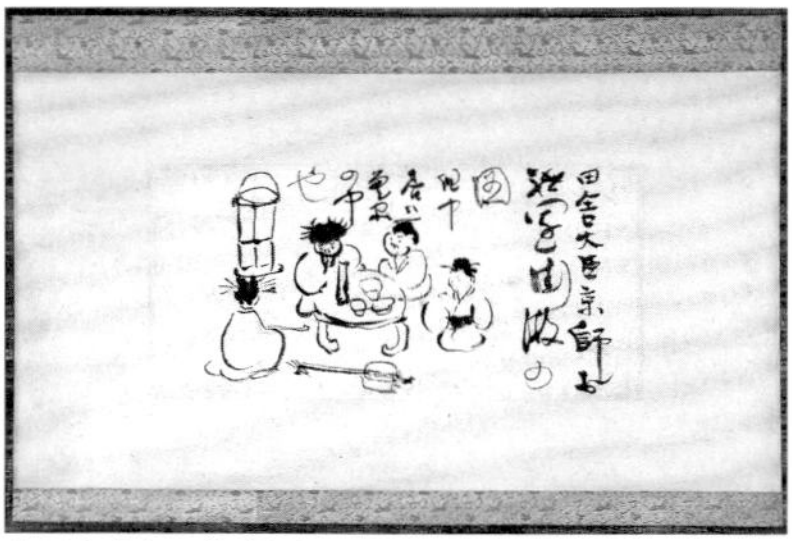
木戸孝允自画賛「魚品」

小松は龍馬の亀山社中、海援隊の援助をおしまずよき理解者で、その英傑ぶりは朝廷にまで知られるところであった。

龍馬は正論をもって木戸に同盟を働きかけ、一方、中岡は西郷にも賛同を求めた。ついに木戸は龍馬の説得に耳をかたむけ京に潜入し、二本松の薩摩藩邸に入った。ところが、近衛家の別邸で小松の寓居に夜毎招かれ、西郷から木戸は歓待されるばかりで一向に同盟の話はでてこない。しびれをきらし木戸が帰国の支度をしているところへ、二十日、龍馬がやってきた。すでに同盟は成立していると思いきや、木戸も西郷も大藩の看板を背負っていることもあって、双方とも頭を下げるのなら聞こうという態度である。

龍馬は西郷を説得、ついに薩摩側からの提案で、会談が小松邸でもたれ、薩摩から小松、西郷、長州から木戸、龍馬が立合い正月二十二日、薩長同盟は成立した。内容は密約のため成文化されなかった。

木戸は六カ条にまとめ内容に間違いはないかと龍馬に証明をもらうことにしたのである。

一、戦と相成候時は、(薩摩は)直様《すぐさま》二千余の兵を急速差登し、只今在京の兵と合し、浪華へも千程は差置、京坂両処相固め候事。

一、戦自然も我勝利と相成候気鋒これあり候とも(薩摩は)其節朝廷へ申上、屹度尽力之次第これあり候との事。

一、万一(長州が)戦負色にこれあり候とも、一年や半年に決て潰滅致し候と申す事はこれなきに付、其間には必ず(薩摩は)尽力の次第、屹度《きっと》これあり候との事。

一、是なりにて幕兵東帰せしときは、(薩摩は)屹度朝廷へ申上、直様冤罪は朝廷より御免に相成候都合に屹度尽力との事。

一、兵士をも上国の上、橋会桑（一橋、会津、桑名）等も只今のごとき次第にて、勿体なくも朝廷を擁し奉り、正義を拒み、周旋尽力の道を相遮り候ときは、（薩摩・幕府は）終に決戦に及び候外これなきとの事。

一、冤罪も御免の上は、双方誠心を以て相合し、皇国の御為めに砕身尽力仕り候事は申すに及ばず、イツレの道にしても、今日より双方皇国の御為め、皇威相暉き、御回復に立至り候を目途に、誠心を尽し、屹度尽力致すべきとの事。

まさに薩長対幕府との対峙がここからはじまった。この密約を裏書してくれる人物は龍馬しかないと依頼した。龍馬は赤心を表わす朱書で「表に御記被成候六条、小（松）、西（郷）、両氏及老兄（木戸）、龍（馬）等も御同席ニて談論セシ所ニて、毛《すこし》も相違無之候。後来といえども決して変り候事無之ハ、神明の知る所ニ御座候。

丙寅《へいいん》

二月五日　　坂本龍」

龍馬にとって一年におよぶねばり強い裏工作によって同盟は実現した。同志中岡慎太郎の陰の奔走も忘れてはならない。

龍馬は寺田屋の一室で長府の三吉慎蔵と美酒に酔いしれていたところへ、幕吏が襲撃をかけた。龍馬はピストル数発をうって敵をたおし、右手を負傷しながらも三吉と虎口を脱した。

政局は同盟によって急転するなか、この年の十二月二十五日、孝明天皇は崩御《ほうぎょ》せられた。

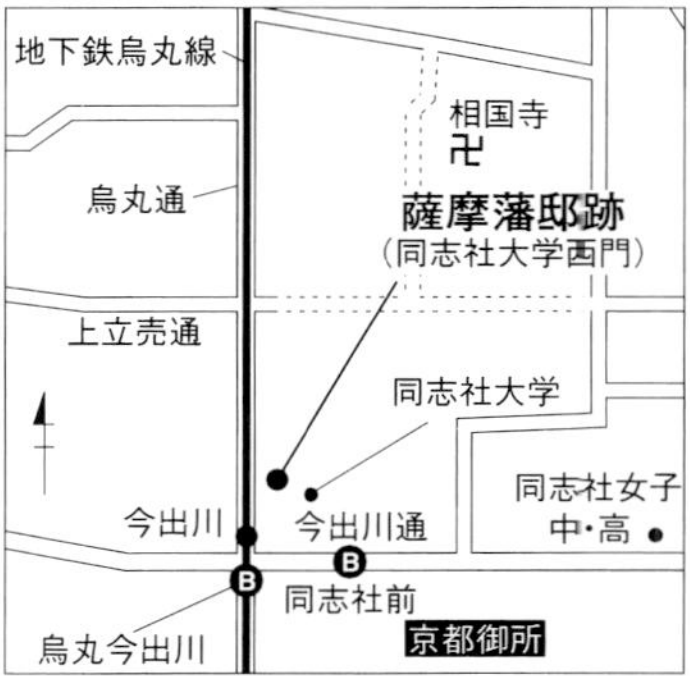

薩摩藩邸跡

地下鉄烏丸線今出川駅下車すぐ。

桂小五郎像

地下鉄東西線京都市役所前下車、徒歩2分。
市バス205系統などで京都市役所前下車すぐ。

京都ホテルの桂小五郎（木戸孝允）像

東山区高台寺の月真院。御陵衛士《ごりょうえじ》を拝命した伊東甲子《かし》太郎《たろう》らが屯所とした。

下京区油小路通り木津屋橋上る東側の本光寺。
甲子太郎は、この門前で力つきた。

分裂した新選組

派閥争いの果てに

慶応元年(一八六五)十一月、幕臣永井尚志に随行し、新選組の近藤勇、伊東甲子太郎らは安芸へ行った。この頃から新選組のなかに近藤派、伊東派の派閥が生まれ、ついに慶応三年(一八六七)三月二十日、伊東と実弟鈴木三樹三郎は隊内で同志を募り、近藤に「このたび薩長へ間者として入り込むにあたって、隊にいては不都合なので離脱したい」と相談したところ、近藤は承諾した。

『新選組戦場日記』には「実は伊東甲子太郎が、近藤勇を殺して自分が新選組の局長になろうと計画していたが、近藤勇はその心中を知っていたので別局を許したのである」とある。

これによって伊東は孝明天皇御陵衛士《ごりようえじ》を拝命、正式に新選組を離脱した(屯所を三条城安寺に置き、翌日、五条善立寺に移転、六月に高台寺月真院に移り薩摩の援助を受ける)。

伊東と共に離脱した隊士は、鈴木三樹三郎、藤堂平助、服部武雄、篠原泰之進、阿部十郎、富山弥兵衛、内海二郎、新井忠雄、加納鷲雄、橋本皆助、毛内監物、清原清、佐原太郎、中西昇、斎藤一の十六名だが、新選組の隊内には伊東派が十名ほど残留していた。そのなかで茨木司、佐野七五三之助《しめのすけ》、冨川十郎、中村五郎らは、六月に離脱を決心した。彼らは新選組が近々幕臣に取り立てられ、見廻組並のクラ

下京区にある本光寺の伊東甲子太郎外数名殉難之跡の石碑

スで処遇されることを知り、自らの勤王運動に相反すると意見書を会津公用方に、近藤に無断で提出した。このことに会津公用方は当惑し、近藤を呼び彼らを処分するよう命じた。

近藤は茨木らに約定によって高台寺党への離脱はできない旨を告げ、この四名が他の六名とは別間に待たされたところに、いきなり背後の障子ごしに数名が槍を突きだし四名を刺殺した。

その後、伊東は近藤一派をことごとく殺害し、新選組の局長におさまることを高台寺党の隊士に話した。実は斎藤一は近藤の間者で、ただちに近藤、土方に報告したのである。

近藤は伊東派を暗殺することを企て、かねてより伊東が長州の間者になるための軍資金三百両の調達を申し入れていたので十一月十八日夜この話をエサに醒ヶ井の近藤の妾宅に呼び寄せ、時局を論じ、伊東はことのほか上機嫌で大盃を傾け酩酊して帰路につくところを、近藤の手はずどおり宮川信吉、大石鍬二郎、岸嶋芳太郎、横倉甚五郎の四名で待ち伏せ、伊東を殺害した。

伊東の死骸は七条通り油小路へ運ばれた。小者が町役人に仕立てられ、高台寺に知らされた。高台寺党の隊士達は知らせを聞いて驚き、遺体を取りに行くべきか議論の末、鎖帷子《くさりかたびら》に鉢巻姿で、鈴木は服部、加納、毛内、藤堂、富山らを引き連れ油小路に向かった。

一方、新選組の永倉新八、原田左之助の各隊長は、隊士をつれ油小路周辺で待ち伏せしていた。この時、近藤は「藤堂平助が来たら彼だけは助けてやってほしい」と命じていた。

高台寺党の隊士が駕籠《かご》を用意し、伊東の死骸を駕籠のなかに入れようとしたところ、新選組の隊士が一斉に飛びかかった。かつて同志であったもの同士の斬り合いは積年の憎悪が交錯し、翌朝、現場には手指、肉片、血痕が飛び散り、惨劇の凄まじさを物語っていた。

高台寺党側は服部、藤堂、毛内は討死、新選組は原田、大石鍬二郎、岸嶋芳太郎、芝岡万助、三浦常三郎らが深手を負った。近藤から命じられていた藤堂は、闇夜とあって顔の識別ができなかったのだろう、三浦に斬られ討死、三浦も膝を斬られた。

高台寺党の四名の死骸は三日後に、壬生の光縁寺に埋葬されたが、翌年三月十三日、孝明天皇陵に近い泉涌寺山内の戒光寺墓地に改葬された。

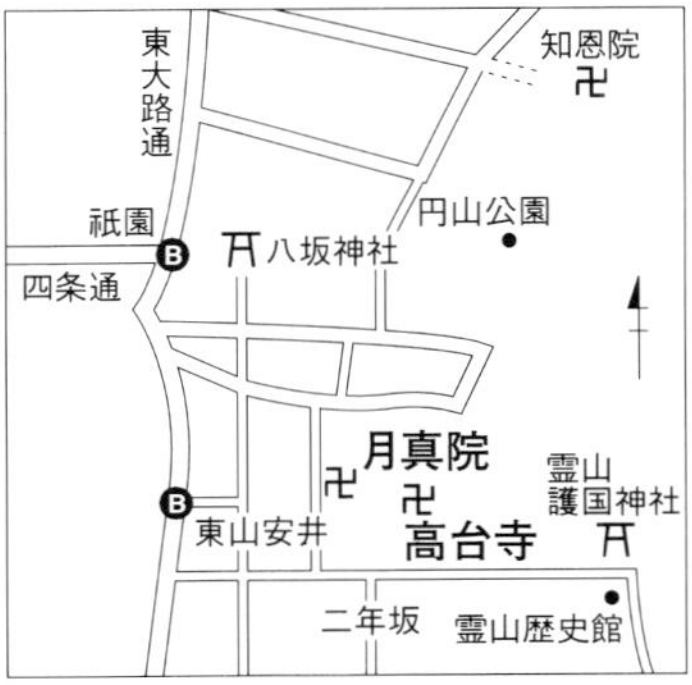

高台寺・月真院

市バス202、206、207系統などで東山安井下車、東へ徒歩5分。

二条城。慶喜が、兵庫開港と長州処分についての会議をもった。

写真右／土佐藩邸のあったあたりの高瀬川。土佐藩主山内容堂の命により、大政奉還の建白書が提出された。

写真左／土佐藩邸跡の石碑。

政権を返上した徳川幕府

最後の将軍慶喜《よしのぶ》は幼少の頃からプライドが人一倍強かった。父は水戸藩主徳川斉昭、母は有栖川宮織仁《おりひと》親王の王女登美宮吉子、いわば御三家と皇室の血筋というわけで、つねに他の者とちがう位《くらい》があると意識するようになっていった。

十五代将軍に就任した慶応二年（一八六六）十二月五日より、大政奉還後に将軍を免ぜられた慶応三年十二月九日までの一年程の間、一度も江戸に足を踏み入れることはなく、王城の地・京都と大坂城をしばしば往来しただけで、歴代将軍で江戸城に入らなかった唯一の将軍であった。

慶喜は将軍になるや、フランス公使レオン・ロッシュと幕政改革、とくに軍政改革に着手した。軍備では慶応二年九月、歩騎砲三兵伝習教官の招へい契約が決定、翌年には軍事使節団が来日し陸軍の軍事訓練を受け、このときから幕府軍はフランス式に統一された。

そんな折、公武合体派の孝明天皇が、慶応二年十二月二十五日に崩御《ほうぎょ》、明治天皇は若冠十六さいで践祚《せんそ》、かつて朝譴《ちょうけん》をこうむっていた公家の岩倉具視らが急に台頭してきた。岩倉らは王政復古推進派で武力討幕派の薩長と手を結び、まるで真綿で慶喜の首をしめあげるように追い込んだ。

慶応三年（一八六七）五月十四日、二条城で慶喜は、島津久光、松平春嶽、山内容堂、伊達宗城の四賢侯と会談をもつ。内容は兵庫開港の勅許を得て、その後に長州処分を決定すべきというもので、賛同を求めた。が、しかし久光は長州処分を優先すべきと発言した。このとき慶喜は一歩も譲らず散会となった。

つづく五月二十二日、宮廷大会議が午後八時から御所内の虎の間で開かれたが、慶喜は席に着くや不機嫌な顔になった。四賢侯のうち春嶽のみが出席、それに発言は一切なく公家たちも雑談するばかりである。慶喜にすれば十四日の事前会議は何であったのか、会議は徹夜の審議にもかかわらず結論がでず、岩倉派の大原重徳が流会といいだす始末に、慶喜は

写真中央／慶喜が一橋家に入った弘化四年（一八四七）、十一歳のときの書。父斉昭は、書に対して非常に厳しく指導した。

必死にこの会議が幕府の危急存亡にかかわると姿勢をくずさない。ここが歴代将軍と一味ちがう。幼少から剛情公と称されたことだけはある人物だ。

慶喜派の二条斉敬と鷹司輔政が思案した上で、鷹司が二条に対し摂政様(二条のこと)の考えを示さなければ、将軍の進退にもかかわりますことゆえと決定をうながした。静まりかえった雰囲気のなかで二条が「大樹公(慶喜)の申される通り」と述べるや席上からどよめきが起った。

慶喜にすればこの会議の命綱によって幕府の延命処置が保たれたが、どの時期にどういう形で朝廷に政権を返上すればよいか思案にくれていた。けっして無造作に政権を放り出した訳ではなく、つねに西南雄藩の武力討幕派と対峙していたのである。

晩年、慶喜は大政奉還《たいせいほうかん》にふれ「我手により幕府を葬り、政権を朝廷に返し奉らばや・と思《おぼ》されけるは、一朝一夕にあらず、すでに宗家相続の際(慶応二年八月)にも、はた将軍職御請《おうけ》の際(同年十二月)にも、これを断行せんとの志ましましが」と語った。皇《みかど》の血を引く自分が 政事《まつりごと》を天皇に返上申し上げることが、もっともふさわしいことであるとかねがね思っていたのである。

一方、坂本龍馬は「船中八策」なる公議政体論に基く大政奉還建白書案を土佐藩士後藤象二郎《しょうじろう》に示した。これは妙案と後藤は土佐藩主山内容堂に上書、慶応三年(一八六七)十月三日、容堂の命を受けた後藤は二条城に赴き閣老の板倉勝静《かつきよ》に大政奉還の建白書を提出した。だが、討幕派も薩土盟約を薩摩の小松帯刀らによって成立させ、さらに芸州もこれに加わった。

大政奉還の前日、十月十三日、在洛各藩の代表者約五十名が二条城へ登城したが、どこにも主役の慶喜の姿はなく、板倉が「いよいよ朝権一途に出でず候ては綱紀立ち難く候間、従来の旧習を改め、政権を朝廷に帰し、広く天下の公議を尽くし」と奏上し、「ご意見のある者は上様(慶喜)が直々にお会い申し上げる」こととなった。

慶喜を拝顔したのは小松、後藤ら六名のみ、小松が一同を代表して「本日は誠に未曾有のご御英断で誠に感服仕奉る」と述べ、十四日ついに大政奉還が行われた。

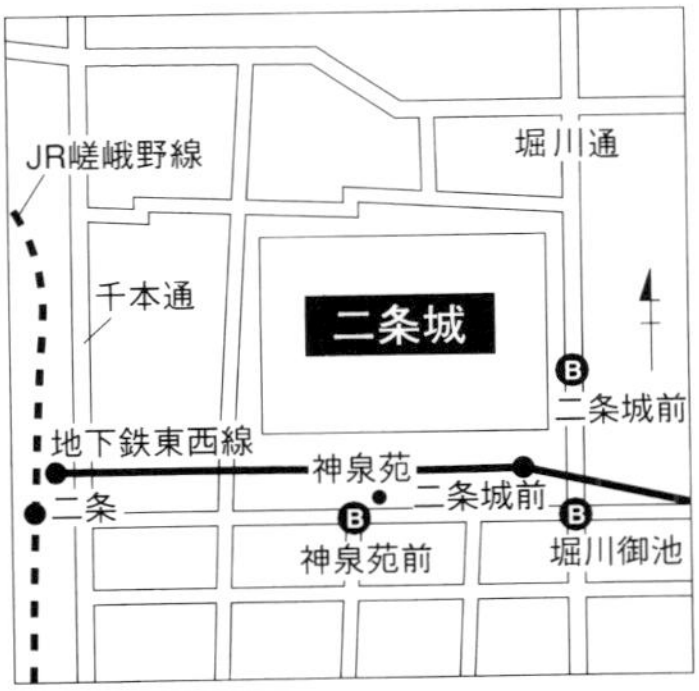

二条城

地下鉄東西線二条城前駅下車すぐ。市バス9、12、50系統などで二条城前下車すぐ。

龍馬を切った刀（脇差）。

壮絶な最期をとげた龍馬と慎太郎

謎の多い一夜

幕末のミステリーが坂本龍馬暗殺事件である。

慶応三年(一八六七)十一月十五日、龍馬は土佐藩御用達の醤油商近江屋の二階奥の部屋で盟友中岡慎太郎と共に、幕府見廻組の者によって暗殺された。

ではなぜ龍馬は暗殺されなければならなかったのか、暗殺を命じた者は誰か、今もって謎めいたものが多い。

龍馬は慶応二年正月、念願の薩長同盟を成立させ、伏見寺田屋で三吉慎蔵と祝盃をあげているとき、伏見奉行所輩下の者に襲われ、その際、愛用のピストルで幕吏数名を射殺している。いわば幕府から指名手配人となった。

長州の木戸孝允からは身を案じるように忠告を受け、また新選組から離脱した高台寺党の伊東甲子太郎からも「近頃、見廻組、新選組の隊士が狙っているのでくれぐれもご用心」と告げられた。

龍馬は海援隊京都事務所を木屋町筋の材木商酢屋嘉兵衛宅に構え、自身も下宿していたが、刺客が狙っているとの情報があり、海援隊書記官の長岡謙吉らの勧めもあって近江屋新助宅に移ることにした。この時期は暗殺の一カ月前といわれるが、酢屋と近江屋を往き来していた。

近江屋を潜伏場所に選んだのは、土佐藩邸に近く、近江屋の主人は藩の出入り商人だったからだろう。龍馬は二階奥の八畳間に間借りし、主人新助は気を使い土蔵のなかをかくれ屋に変えていた。当時、龍馬は越前から戻り、旅の疲れもあって風邪をこじらせていた。

階段を駆け上がった見廻組

土蔵は底冷えする。刺客にそなえ、逸早《いちはや》く逃走するため、裏の称名寺墓地に降りる梯子《はしご》も用意する周到ぶりだった。

事件当夜、近江屋の一室で密会がもたれた。三条制札事件で捕えられている土佐勤王党の同志宮川助五郎の身柄引き取りについて、龍馬は中岡、岡本健三郎らと協議、その話も終え岡本は帰り、中岡と話し込んでいた。

一方、見廻組の一団は佐々木只三郎の指揮のもと今井信郎、渡辺吉太郎、高橋安次郎、桂早之助、土肥仲蔵、桜井大三郎らと、龍馬暗殺を企てた。

⬅P.110へ

写真左／酢屋の前は〝龍馬通り〟(俗称は親不孝通り)と呼ばれ、夜になるとにぎわう繁華街となっている。

木の店
酢屋
NO PARKING
ニュートン
スーパーホール
みるく
コン
カラオケ
満天
あんばい
カラオケ
マラソン

写真右／往時のたたずまいの残る酢屋の玄関。毎年11月15〜23日には、「龍馬追悼展」が行われる。

写真左／河原町通り四条上る西側の坂本龍馬・中岡慎太郎遭難之地の石碑。中央よりのポールの右側にある。ここもうっかりしていると通りすぎてしまうので注意が必要。近江屋は、この辺りにあった。

下京区油小路通花屋町下ル西側の中井正五郎遭難之地の石碑。
天満屋は、ここにあった。

まず佐々木が、十津川郷士の札名刺《ふだめいし》を、龍馬の下僕藤吉に差し出し油断させ、龍馬がいることを確認した。龍馬を襲う三人が二階へ上がる前に、藤吉を斬り倒す。一階では家族を取り押える者が一人、玄関先に一人、戸外の伝令役が一人、総指揮の佐々木が手はず通りについた。

小太刀の名手桂が一人で龍馬の部屋に入り、会談中の龍馬を正座から脇差(銘越後守包貞《かねさだ》)で横一文字になぎり、二太刀目を後ろから小袈裟斬、三太刀目は頭上へ刀身を左手で押し込みながら斬り伏せた。

そこへ渡辺と高橋が部屋に入り中岡をメッタ斬りにした。佐々木の「もうよい」の声で引き上げたのである。

ではなぜ見廻組は犯行をかくさなければならなかったのか、中岡は龍馬と違い無実である。中岡を斬ったことは誤算であったのだろう。龍馬は十六日未明に没す、藤吉は十六日夕刻まで生きて絶命、中岡は脳をやられなかったことが幸いし、駆けつけた同志に暗殺の模様を語り十七日夕刻に絶命した。

三士の葬列は十八日午後二時に近江屋を出発、洛東霊山《りょうぜん》の祭場に運ばれ、海援隊、陸援隊の合同葬として神葬祭で斎行された。

龍馬暗殺の報復事件が十二月七日夜、おこった。天満屋騒動である。

以前、紀州藩と龍馬のいろは丸とが瀬戸内海で衝突し賠償問題で対立、紀州の三浦休太郎ともめていた。そんななかで暗殺された訳だから、海援隊で龍馬を慕っていた陸奥宗光は、三浦が新選組を使い龍馬を暗殺したという噂に動かされた。噂はこわい尾ひれがつくと真実のように語られる。

油小路花屋町の天満屋で三浦と新選組が宴会をしている情報が入り、陸奥は海援隊の隊士と十津川郷士ら十六名を率いて斬り込んだ。三浦は十津川の中井庄五郎に斬られたが軽傷、その中井の右腕を新選組の斎藤一が斬り落とした。中井は闘死、新選組の宮川信吉も死亡した。「三浦討ち取ったり」の声で陸奥らは散り散りに逃げ去ったという。

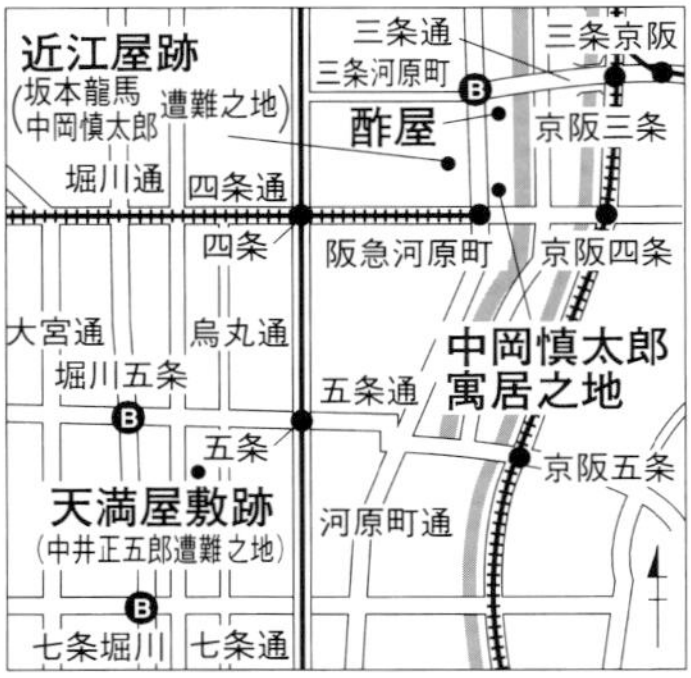

酢屋（坂本龍馬寓居跡）
京阪電鉄三条駅下車、徒歩3分。市バス10、37、59系統などで、河原町三条下車、徒歩2分。

坂本龍馬・中岡慎太郎遭難之地（近江屋跡）
阪急電鉄河原町駅下車、徒歩3分。

中井正五郎遭難之地（天満屋敷跡）
市バス9、28、43、80などで堀川五条下車すぐ。

写真左／東山の京都霊山護国神社。

京都霊山
護国神社
GOKOKU SHRINE
昭和の杜
Histric Spot SHOWANOMORI
第二十三野戦防疫給水部
独立歩兵第十一大隊
騎兵第二十聯隊・捜索聯隊
歩兵第百二十聯隊
駆逐艦 長波
輜重兵第百十六聯隊
工兵第五十三聯隊
歩兵第百九聯隊
第百十六師団衛生隊
陸軍特別操縦見習士官
野砲兵第百二十二聯隊
歩兵第百二十八聯隊
野砲兵第五十三聯隊

写真右／四条河原町上ル東側。
中岡慎太郎は、この辺りに
住んでいた。

写真左／中岡慎太郎寓居之地の
石碑。上の写真の人の群れている
所のビルとビルの間にあった。
（撮影後移され、現在は表通りに
面する場所にある）

小御所会議

京都御所の建礼門。会議の当日、禁裏の周囲の御門が、
西郷隆盛の指揮のもと各藩兵で警固された。

岩倉具視らが幕府勢力の一掃を狙う

発せられた倒幕の密勅

慶応三年(一八六七)十二月九日、小御所《こごしょ》で天皇新政を目指す公家の岩倉具視と公武合体派の土佐の山内容堂が火花を散らす激論をたたかわせた。どちらも劣らぬ一徹者である。

かつて大政奉還は幕臣の処遇問題もあり、幕閣のだれもが反対だったのを、慶喜は自ら決意した。十月十五日参内し明治天皇に報告したが、心では一大名へ格下げぐらいに考えていたというから政治の何たるかを知らなさすぎる。

容堂の演出した大政奉還劇は、表面上からは大成功に思えた。しかし岩倉は策をめぐらし、「討幕の密勅」を企てていたのである。それらの密勅は十三日付で薩摩、十四日付で長州へそれぞれ発せられた。内容は天皇にかわって賊臣慶喜、京都守護職松平容保、所司代松平定敬を誅罰せよとの過激な宣旨だった。明治天皇の裁可がなされたか否かが定かでない。だから密勅なのである。ところが慶喜にしろ、容堂にしろ、まったく討幕の密勅降下を知らなかった。

そんななかで小御所会議が開かれた。岩倉は王政復古の台本を読み上げるだけでよいと考えていた。公家中山忠能《ただやす》ら会議の延期を求める者もいた。容堂が会議に、上京遅延が理由で間に合わないと、後藤象二郎が申し入れたが無視された。後藤は松平春嶽にこの大事を訴えたところ、春嶽は仰天し、二条城の慶喜の耳に入れたが、もう終ったことと一向に動かず、会津、桑

京都御所の宜秋門

名にも告げず大勢を見守っていた。

このとき慶喜が動いていたら、たちまち市中は戦禍となっていただろう。やはり心のどこかに天皇の庭を焼くわけにはいかないという思いが脳裡をよぎったにちがいない。

酒豪だった容堂

容堂は土佐より海路入洛、この事態を後藤より聞くと少し青ざめ「不愉快!」と一言、酒ぐさい口からもらしたという。

会議の当日、禁裏の周囲の御門すべてが西郷隆盛の指揮のもと各藩兵で警固されていた。そこへさっそうと現われた岩倉は、坊主頭に衣冠をつけ、小脇にかかえた小箱には王政復古の詔勅案が入っていた。

明治天皇は御学問所で一同を引見、岩倉は小箱から詔勅案を奉呈し上奏した。「そもそも癸丑《きちゆう》(嘉永五年ペリー来航)いらい未曾有の国難であり、先帝(孝明天皇)頻年宸襟《ひんねんしんきん》を悩ませられ候、御次第、衆庶の知るところに候。これによって叡慮《えいりよ》を決せられ、王政復古、国威挽回の御基、立たせられ候間、既往を論ぜず、更始一新すべし。」という内容で、明治維新を「御一新」と呼ぶのはここからである。すべてにおいて抜け目がなく、会議に入ると幕府も将軍職も、摂政、関白、議奏も廃止された。かわって総裁有栖川宮熾仁《たるひと》親王以下の議定十名、参与五名が決定し、維新は成った。


容堂は鯨海酔侯《げいかいすいこう》と雅号するほどの酒豪で、会議の朝から大盃を傾け、参朝の際には両脇をかかえられて着座したほど。酩酊した目で見渡し「慶喜公がおられぬではないか、同席頂きたい」と大声を発した。春嶽もこれに同調してうなずく。これは岩倉にとって痛い一言だ。

容堂は続けて「数名の公卿らの意見で幼冲《ようちゆう》の天子(天皇)を擁して権柄を窃取せんとは……」といって言葉が詰まった。これは失言、座はシーンと静まり返った。

すかさず岩倉は荒げて「聖上は不世出の英才であるぞよ、すべて聖上の御心」と声高に言い放った。

言葉の奥に私怨が秘められていた。岩倉の宿願であった天皇新政が実現したのであった。

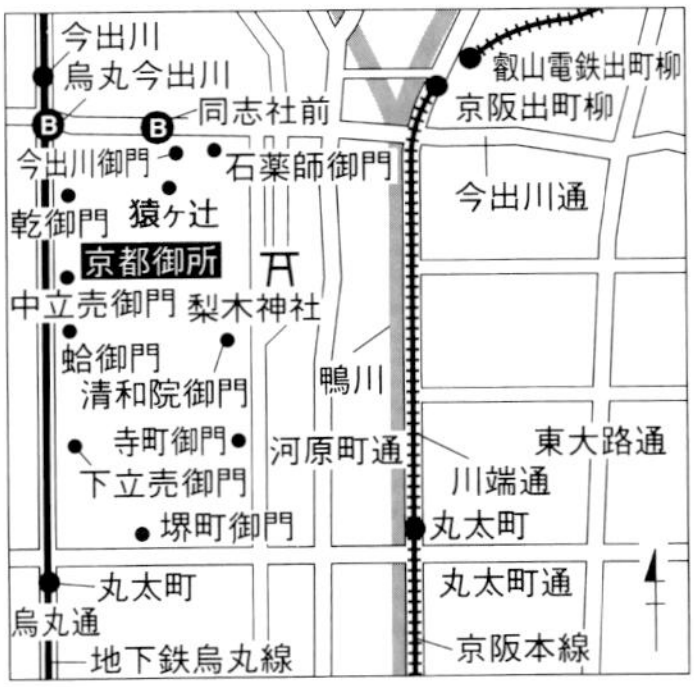

京都御所
地下鉄烏丸線今出川または丸太町駅下車すぐ。

写真上／新政府軍が使用した、スナイドル銃。
写真下／幕府軍が使用した、フランス式のミニエール銃。

▍新政府軍の本営となった伏見区の城南宮。

ひるがえる錦旗と退陣する旧幕府軍

新政府と旧幕府の対立が頂点に

明治新政府成立の陣痛というべき戊辰《ぼしん》戦争は、慶応四年(明治元年＝一八六八)正月三日、京都南郊の鳥羽・伏見の戦いで始まった。戊辰戦争の「戊辰」は、この年の干支《えと》にちなんでこう呼ばれた。

天皇政治を軸に、薩摩、長州、土佐らの西南雄藩の新政府軍と、会津、桑名、見廻組、新選組らの旧幕府軍が激戦した。

イギリスの新聞『タイムズ』は、一ヶ月遅れで、

「大名たちが反乱を起こし、ミカド(天皇)が虜《とりこ》にされた。大名《タイクーン》(将軍)は大名たちを攻撃(鳥羽・伏見の戦い)する力を組織していた大坂に飛んだ」と報じている。

この戦の発端は、辞官、納地問題をめぐり、激しく新政府側と旧幕府が紛糾したことである。それに加え越前、尾張ら公議政体派が、慶喜の議定就任を内定させ、領地返上も政府費用をからの捻出案を出すなど、薩長を窮地に追い込んだ。そこで西郷は江戸薩摩藩邸を根拠に益満休之助《ますみつきゅうのすけ》、相楽総三《さがらそうぞう》ら浪士をたくみに使い、江戸でテロ活動を行わせた。江戸の警備には庄内藩があたっていたが、ついに薩摩藩邸を焼き打ちにする。慶応三年(一八六七)十二月二十八日にこの報告を受けた旧幕臣や会津、桑名両藩は激昂し、「討薩長」を慶喜の名で出し率兵上京した。

正月二日夜半からぞくぞくと先発部隊が伏見に入り、三日には陸軍総督松平豊前守をはじめ会津藩兵三百人、伝習隊五百人、新選組は岸嶋芳太郎一小隊ら五十人、土方率いる新選組総督同志百人、隊長附五十人、歩兵附五十人と総勢千五十人で伏見奉行所を本営に布陣した。

新政府軍は東福寺に長州兵三十名を駐屯させ、薩摩兵を洛東大仏(方広寺)と東寺四ツ塚関門に駐屯させた。鳥羽小枝橋から竹田街道につなぐ線上に布陣させたことになる。その数八百名、双方にらみあいとなり、夕刻となったころ、薩摩藩監軍椎原小弥太の合図で、ラッパが響きわたり、空砲が火をふくと、一斉に戦闘に入った。見廻組を率いる佐々木只三郎は五百名の隊士で善戦、新政府軍は押し込まれ、東寺の五重塔から西郷は、戦況を遠目鏡《とうめがね》でのぞいていたという。約一時間で日没となり戦闘は止んだが、薩摩兵はその際火を放ち、赤池周辺は火の海となり、旧幕府軍は下鳥羽まで退陣した。

四日朝、旧幕府軍は桑名、大垣兵を増強し鳥羽街道にせまり薩摩兵は敗走、西郷は遠目鏡で戦況をながめ、土佐兵と小隊などを援軍として東寺本堂から送った。これによって旧幕府軍はじりじりと退去し横大路へと敗走した。

この日、新政府軍には天下の宝刀があった。仁和寺宮嘉彰《よしあき》親王が征東大将軍に任命され、御所八景の間で明治天皇から宣下があった。この任命も岩倉と大久保利通の画策で実現したもので薩長の思いどおりだった。また御休所で錦旗、御学問所で節刀を賜り、「ただちに東寺へ出陣し諸隊を指揮せよ」との御沙汰があった。

皇軍の印の錦旗《きんき》にしても、岩倉が『皇旗考』なる書籍から玉《たま》松操《まつみさお》に作らせたもの。玉松は岩倉の知恵袋とよばれていた。西郷はこの錦旗をフル活用して新政府軍を皇軍つまり官軍と呼び、旧幕府軍は錦旗に鉾を向けたとして賊軍のレッテルを貼ったのである。

討死ぬ覚悟の新選組

伏見奉行所にいる旧幕府軍めがけ、新政府軍は高地にある竜雲寺から大砲を撃ち込む。ことごとくこれが命中、奉行所から火の手があがった。一方、新選組は大砲を薩摩軍の本陣の御香《ごこうの》宮《みや》神社に撃ち込んだが、土方歳三や永倉新八に土塀を乗り越えて斬り込んでくれと命ぜられ、討死ぬ隊士が続出、会津軍頭の林権助も八発の銃弾を受け戦死した。当時の瓦版にも「みんな嫌がる壬生浪(新選組)も先に討たれけるは気味よく冥土《めいど》へ総勢逝く」と伝えている。

旧幕府軍で味方のはずの淀藩が門をとざし寝返ったことも誤算だった。また、六日、山崎関門を守備する藤堂藩の裏切りで総崩れとなり、七日、急きょ慶喜は松平容保ら幕臣を大坂城に集め、善後策を論じた。会津藩家老神保修理は東帰して立て直しを主張、だが、近藤勇は、三百人の兵を率いて城を枕に討死する覚悟を進言した。

旧幕府軍の敗色が濃くなるなか、錦旗と、新政府軍の薩、長、土の藩旗がひるがえり、旧幕府軍は一気に戦意を失う。それに呼応するかのようにこの日、慶喜は松平容保、松平定敬らを伴い大坂城を脱出し、開陽丸で江戸に帰り恭順の意を表す。日和見の各藩は次々と新政府側につくのである。

新政府軍はその後の戦いでも勝利する。王城の地で近代日本を夢みた人びとの多くが維新をみることなく散華したが、その志は新政府に受けつがれた。

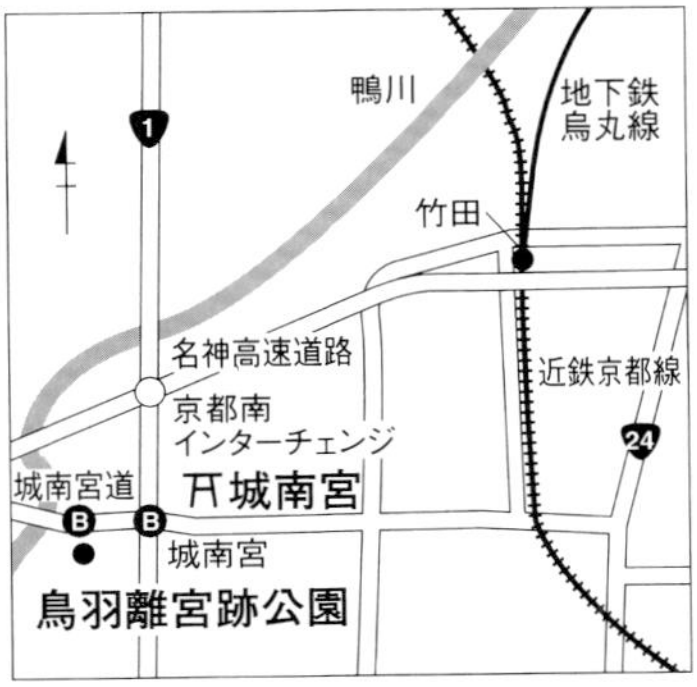

城南宮周辺

市バス19系統などで城南宮下車すぐ。地下鉄烏丸線竹田駅・近鉄竹田駅下車、徒歩20分。

エピローグ

——つまずく石にも千年の歴史——

京都は皇都という。天皇の町だった。一方、江戸は江都といい、主人は公方《くぼう》、つまり将軍だった。

ペリー来航により日本は太平のねむりから目を醒ます。同時に政治の中心は江戸から京都へ移る。全国各地から志士とよばれる人びとが、京都をめざし入洛した。彼らにとって京の都は王城の地だった。

現在、維新史跡を伝えるのは石碑と社寺、数ケ所の史跡だけとなった。

維新の語部《かたりべ》だった郷土史家の故寺井万次郎(史郎)氏は、足で調査し『京都史蹟めぐり』(昭和九年)を著わし、また、京都市教育会から大正年間に委託を受け、市内の維新史跡に数十本の石碑を建てた。

石碑にまつわる裏ばなしは興味深い。史跡調査にあたっては、龍馬暗殺の数時間前まで一緒にいた書肆《しょし》の菊屋峰吉の証言をもとに行ったという。

峰吉は書肆という商売がら各藩に貸本などで出入りし、志士らとも親交があって、御用聞きなどもしていた関係から土地勘があり、石碑を建てるとき有力な証言を行った。

ところが、いざ建てるとなると難問がおこった。たとえば龍馬の暗殺現場となった近江屋の前に、「坂本龍馬、中岡慎太郎遭難之地」の石碑を建てる予定であった。河原町は大正十三年の道路拡張にともない整備され、近江屋の家屋の大半が取りこわされてしまい、北隣りの美術商の水島氏が近江屋の一部を買取し店先を広げていた。いざ近江屋の前に石碑を建てようとしたところ、カフェを建てる予定があり、暗殺された現場では商売にさしさわると結局断わられてしまった。水島氏は土佐出身で、そこで自分の店先を提供し、本来南隣りに建つべき石碑は北隣りになったという。

寺町通りの「横井小楠遭難之地」の石碑も町内の猛反対にあい、道の反対側にひっそりと建つ。

史跡を示す石碑の多くは、その後の都市計画で姿を消した。私事だが、霊山《りようぜん》歴史館に勤め二十五年になり、企画した特別展、常設展は百回を数える。展示の折に、石碑を写真パネルにしたこともある。

新たなミレニアム(千年紀)を迎え、本書が史跡の紙碑となればと願い綴った。筆をおくにあたり、史跡の写真を撮影して頂いた写真家の三村博史氏、資料を提供くださったご子孫ならびに各機関、刊行にご尽力を賜った淡交社編集局の山城孝之編集長、同編集部の北原一平氏、霊山歴史館の館員に深甚なる謝意を表したい。

平成十二年四月

木村幸比古

日本が変わった！

京都・幕末維新参考年表

西暦	和暦	事項	四人の足跡
		一六三九年、鎖国令（オランダ・明・朝鮮を除く）〈参考〉	○岩倉具視 一八二五－一八八三 京都出身の公卿
一七五八	宝暦 八	宝暦事件（竹内式部処罰）P14	
一七六七	明和 四	明和事件（山県大弐・藤井右門ら処刑）P15	○吉田松陰 一八三〇－一八五九 長州藩出身
一七九三	寛政 五	尊王論者・高山彦九郎、久留米で憂憤のあまり自刃 P18	
一八二五	文政 八	異国船打払令	
一八二六	九	頼山陽『日本外史』完成 P19	○近藤 勇 一八三四－一八六八 武蔵多摩郡出身
一八四六	弘化 三	孝明天皇即位（一八三一年生まれ）。皇妹和宮生まれる。徳川将軍家茂生まれるP33。梁川星巌・紅蘭入洛し、鴨沂小隠をつくる P20	○坂本龍馬 一八三五－一八六七 土佐藩郷士出身
一八五三	嘉永 六	ペリー浦賀に来航 P22	龍馬、象山塾に入門
一八五四	嘉永 七 安政 一	ペリー再来、日米和親条約調印 P22。佐久間象山投獄P86	松陰、米艦への密航を企て失敗
一八五六	三		岩倉、孝明天皇の侍従となる 松陰、松下村塾を開く
一八五八	五	老中堀田正睦、日米通商条約調印の勅許を請うため参内したが得られず P22 井伊直弼大老に就任。日米修好通商条約に調印。長野主膳入京し、直弼に情報を送る。梅田雲浜逮捕（安政の大獄始まる）。西郷隆盛・僧月照、京都を逃れる。	龍馬、江戸で「北辰一刀流長刀兵法目録」を与えられる
一八五九	六	老中間部詮勝入洛 P30 家茂、徳川将軍となる P27 神奈川・長崎・箱館の三港を開き、露・仏・英・蘭・米五ヵ国に貿易を許可 橋本左内・頼三樹三郎・吉田松陰ら刑死 P31	松陰、安政の大獄により牢で刑死
一八六〇	安政 七 万延 一	勝海舟ら九十名が咸臨丸で米国に向かう 桜田門外の変、井伊直弼殺される P31	
一八六二	文久 二	将軍家茂、和宮と結婚 P35 寺田屋騒動、薩摩藩士有馬新七ら、同藩士に切られる P39。九条家家臣島田左近暗殺 P42。松平容保、京都守護職に就任。村山タカ女、生晒し P42。高杉晋作、久坂玄瑞ら、品川のイギリス公館を焼く	龍馬、長州藩の久坂玄瑞と面談 岩倉、和宮降嫁や公武合体論などの件で落飾・蟄居を命じられる 龍馬、兵庫の勝海舟を訪れる
一八六三	三	江戸・伝通院で浪士隊結成、二月二三日入洛。浪士隊の清河八郎、尊王討幕論を宣言後、江戸に帰り殺害 P55 将軍家茂入洛し、天皇の両	近藤、浪士隊に加わり入洛 龍馬、幕府の浪士隊募集策を批判

		加茂神社へ攘夷祈願の行幸に従う P58。近藤勇、芹沢鴨ら浪士隊の残留組が京都守護職預りとなる P62。桂小五郎（のち木戸孝允）、真木和泉守らによる翠紅館会議 P51。天誅組挙兵 P74	
		八月一八日の政変で、公武合体派、尊攘派追放 P78。この変の功労で近藤勇ら〝新選組〟の隊名を受ける。七卿都落ち、天誅組敗北 P75	近藤ら松平容保と会談、翌月将軍家茂の警護で下坂 龍馬、京都福井藩邸で松平春嶽に拝謁
一八六四	元治 一	将軍家茂入洛。新選組、古高俊太郎を捕え、自白させ長州藩の定宿池田屋を襲撃 P81。明保野亭事件 P83。 佐久間象山暗殺 P86 禁門の変（蛤御門の変）で長州藩と幕軍が交戦し、京都大火（鉄砲焼け）。この変に新選組も出陣。十七烈士が天王山で自刃。第一次長州征伐 P89	龍馬、勝海舟の長崎出張に同行、翔鶴丸に乗船 龍馬、京都で西郷隆盛と面談 近藤、永倉新八ら隊士募集のため江戸へ向かう
一八六五	慶応 一	東下の土方歳三、伊東甲子太郎ら新入隊士五二名と江戸を発つ。第二次長州征伐勅許	龍馬、五卿に面談

一八六六	二	坂本龍馬、中岡慎太郎らの努力で薩長同盟成る P94。第二次長州征伐開戦。将軍家茂、大坂城で没。慶喜将軍となる 孝明天皇崩御	龍馬、山口で藩主毛利敬親と面談
一八六七	三	明治天皇即位 伊東甲子太郎、孝明天皇御陵衛士を拝命し新選組を離脱、月真院に屯所を置く。新選組、幕府直参となる P98。 大政奉還 P103 天満屋事件（坂本龍馬、中岡慎太郎暗殺の報復）P110。 小御所会議 P114 王政復古の大号令で摂政・関白・将軍をなくし、総裁・議定・参与の三職を設置 P115。	岩倉、勅勘が許され、王政復古の主力となり、新政府では要職に就く 龍馬と中岡慎太郎、近江屋の二階で暗殺
一八六八	慶応 四 明治 一	鳥羽・伏見の戦い（戊辰戦争の始まり）P118。新選組参戦して大敗、幕艦で江戸へ向かう 五ヵ条の誓文。長谷信篤、初代京都府知事となる。江戸を東京と改める 明治に改元（九月八日）	近藤、上記戦後江戸に向かい、後日甲陽鎮撫隊を結成し、甲府城占領に向かう。近藤、四月板橋で処刑、のち京都三条に晒される
一八六九	明治 二	太政官を東京に移す。天皇東京に発輦	

史跡

主要索引

人名

あ

姉小路公知（あねがこうじきんとも）……70
有栖川宮熾仁親王（ありすがわのみやたるひとしんのう）……34·115
有馬新七（ありましんしち）……38
井伊直弼（いいなおすけ）……23·26
板倉勝静（いたくらかつきよ）……103
伊東甲子太郎（いとうかしたろう）……66·98·106
岩倉具視（いわくらともみ）……5·34·47·114
梅田雲浜（うめだうんぴん）……20·30
岡田以蔵（おかだいぞう）……50
沖田総司（おきたそうじ）……62·82

か

賀川肇（かがわはじめ）……50
和宮（かずのみや）……5·33
勝海舟（かつかいしゅう）……87
桂小五郎（木戸孝允）（かつらこごろう）……51·94
河上彦斎（かわかみげんさい）……86
菊屋峰吉（きくやみねきち）……120
来島又兵衛（きじままたべえ）……89
木戸孝允（桂小五郎）（きどたかよし）……7·106
久坂玄瑞（くさかげんずい）……74·89
九条尚忠（くじょうひさただ）……22·34
月照（げっしょう）……26
孝明天皇（こうめいてんのう）……5·58
後藤象二郎（ごとうしょうじろう）……6·103·114
近衛忠凞（このえただひろ）……23·26·34
小松帯刀（こまつたてわき）……94·103
近藤勇（こんどういさみ）……54·62·66·78·82·98
近藤正慎（こんどうしょうしん）……26

さ

西郷隆盛（さいごうたかもり）……26·94·115
斎藤一（さいとうはじめ）……62·99·110
酒井忠義（さかいただよし）……30·34
坂本龍馬（さかもとりょうま）……5·74·94·106
佐久間恪次郎（さくまかくじろう）……87
佐久間象山（さくまぞうざん）……5·86
佐々木只三郎（さききたださぶろう）……106·118
三条実万（さんじょうさねつむ）……23
三条実美（さんじょうさねとみ）……5·26·51
三条西季知（さんじょうにしすえとも）……78
柴司（しばつかさ）……83
柴山愛次郎（しばやまあいじろう）……38
島津斉彬（しまずなりあきら）……26
島津久光（しまずひさみつ）……38·45·102
島田左近（しまださこん）……42
芹沢鴨（せりざわかも）……54·62·78

た

高杉晋作（たかすぎしんさく）……18
鷹司輔凞（たかつかさすけひろ）……31·58
鷹司政通（たかつかさまさみち）……23
高山彦九郎（たかやまひこくろう）……15
竹内式部（たけうちしきぶ）……3·14·120
武市瑞山（たけちずいざん）……47·74
伊達宗城（だてむねなり）……102
田中謙介（たなかけんすけ）……39
田中新兵衛（たなかしんべえ）……42
中条右京（ちゅうじょううきょう）……70
寺島忠三郎（てらじまちゅうざぶろう）……90
藤堂平助（とうどうへいすけ）……82·99
徳川家定（とくがわいえさだ）……4·26
徳川家茂（とくがわいえもち）……4·33·58·91
徳川斉昭（とくがわなりあき）……4·30·102
徳川慶喜（とくがわよしのぶ）……102
轟武兵衛（とどろきぶへえ）……51

な

中井庄五郎（なかいしょうごろう）……110
中岡慎太郎（なかおかしんたろう）……6·74·94·106
永倉新八（ながくらしんぱち）……54·62·82·99
長野主膳（ながのしゅぜん）……23·30·34
中山忠光（なかやまただみつ）……74
奈良原喜八郎（ならはらきはちろう）……38
新見錦（にいみにしき）……55·62
二城斉敬（にじょうなりゆき）……103

は

橋本左内（はしもとさない）……26
原田左之助（はらださのすけ）……83·99
土方歳三（ひじかたとしぞう）……62·66
一橋（徳川）慶喜（ひとつばしよしのぶ）……4·26·58
平井収次郎（ひらいしゅうじろう）……51
平間重助（ひらまじゅうすけ）……62
平山五郎（ひらやまごろう）……62
藤井右門（ふじいうもん）……15
古高俊太郎（ふるだかしゅんたろう）……81
ペリー……3·120

参考文献一覧

『京都史蹟めぐり』　寺井史郎（昭和九年）
『維新の史蹟』　毎日新聞京都支局　星野書店（昭和十四年）
『京都の維新史蹟』　京都市教育局文化課（昭和十八年）
『幕末京都上・下』　明田鉄男　白川書院（昭和四十二年）
『徳川慶喜公伝』　渋沢栄一　平凡社（昭和四十二年）
『幕末維新人物一〇〇選』　福地重孝　秋田書店（昭和四十七年）
『会津藩の怨念』　永岡慶之助　ビッグフォー出版（昭和五十二年）
『維新暗殺秘録』　平尾道雄　新人物往来社（昭和五十三年）
『明治維新人名辞典』　日本歴史学会編　吉川弘文館（昭和五十六年）
『幕末維新京都史跡辞典』　石田孝喜　新人物往来社（昭和五十八年）
『霊山歴史館紀要第一〜第十二号』　霊山歴史館（昭和六十三〜平成十一年）
『龍馬暗殺の真犯人は誰か』　木村幸比古　新人物往来社（平成八年）
『龍馬の時代』　木村幸比古　高知新聞社（平成九年）
『新選組戦場日記』　木村幸比古　ＰＨＰ研究所（平成十年）
『幕末競艶録』　木村幸比古　高知新聞社（平成十一年）

● 著者略歴 ●

木村幸比古（きむら・さちひこ）
1948年、京都市に生まれる。国学院大学文学部を卒業。現在、霊山歴史館学芸課長、岩倉具視対岳文庫長。維新史に関する評論を多数行い、1991年に維新史の研究と博物館活動で文部大臣表彰を受ける。著書は『龍馬暗殺の真犯人は誰か』（新人物往来社）、『新選組戦場日記』（ＰＨＰ研究所）、『日本を今一度せんたくいたし申候』（祥伝社）他多数。

三村博史（みむら・ひろし）
1955年、京都市に生まれる。地元和装業界紙に勤務後、1994年からフリーランスとなる。以後、伝統産業を主とする出版物の撮影を手がける一方、京都の街並みや風土をテーマにした作品づくりに取り組む。また、編集プロダクションを主宰し、雑誌、書籍の制作に携わる。1998年『京のよきもの』（京都新聞社）を企画制作。京都写真家協会会員。

新撰 京の魅力
京都・幕末維新をゆく
2000年５月23日　初版発行
2002年７月27日　４版発行

著　者　文・木村幸比古／写真・三村博史
発行者　納屋嘉人
発行所　株式会社 淡交社
本社　〒603-8691 京都市北区堀川通鞍馬口上ル
営業☎075(432)5151　編集☎075(432)5161
支社　〒162-0061 東京都新宿区市谷柳町39-1
営業☎03(5269)7941　編集☎03(5269)1691
印　刷 —— 大日本印刷 株式会社
製　本 —— 大日本製本紙工 株式会社

http://tankosha.topica.ne.jp/

ISBN4-473-01742-7